W0047683

Der Leopard

Wally Hagen, Horst Hagen und Fritz Pölking

Der Leopard

Einblicke in das Leben
der großen gefleckten Katze Afrikas

Tecklenborg Verlag, Steinfurt

Umwelthinweis:

Der Inhalt dieses Buches wurde auf Papier mit
chlorfrei gebleichtem Zellstoff gedruckt.
Das Einbandmaterial ist recyclebar.

Die deutsche Bibliothek
CIP Einheitsaufnahme

Der Leopard
Einblicke in das Leben der gefleckten Großkatzen Afrikas
ISBN 3-924044-21-X
NE: Hagen, Dr. Wally / Hagen, Dr. Horst / Pölking, Fritz

———————————————

1. Auflage September 1995
© 1995 by Tecklenborg Verlag, Siemensstraße 4, D-48565 Steinfurt
Layout: Mareike Hoge
Printed in Germany
Gesamtherstellung: Druckhaus Tecklenborg, D-48565 Steinfurt

Das Werk – einschließlich aller seiner Teile – ist urheberrechtlich
geschützt. Jede Verwertung außerhalb des Urheberrechtsgesetzes ist ohne
Zustimmung des Verlages unzulässig und strafbar. Das gilt insbesondere
für Vervielfältigungen, Übersetzungen, Mikroverfilmungen, sowie die
Einspeicherung und Verarbeitung in elektronischen Systemen.

Der Tecklenborg Verlag garantiert,
daß es sich bei den Abbildungen in diesem Werk um
Originalaufnahmen handelt, die nicht digital
verändert wurden.

ISBN 3-924044-21-X

Inhaltsverzeichnis

Einleitung

Der Leopard gehört zu den faszinierendsten Tieren der Erde. Die gefleckte Großkatze spricht mit ihren kraftvollen eleganten Bewegungen das ästhetische Empfinden des Menschen in hohem Maße an. Zugleich begeistert das Verhalten des Leoparden uns Zweibeiner durch seine Vielseitigkeit.

Die Proportionen des Körperbaus sind außerordentlich ebenmäßig. Im Stehen wirkt die sanft geschwungene Linie von der Schnauzenspitze bis zum Ende des bogig getragenen Schwanzes fließend und harmonisch. Ein sitzender oder ein auf Lauer liegender Leopard bietet von allen Seiten den Anblick eines kraftvollen, eleganten Tieres. Wenn die gefleckte Katze sich auf einem waagerechten Ast ausstreckt und in Reitlage die Beine mit den mächtigen runden Pranken und dem im Winde pendelnden Schwanz herabhängen läßt, vermittelt sie ein Bild lässiger, selbstsicherer Ruhe. Wenn man aus kurzer Entfernung einem Leoparden voll ins Gesicht schaut, kann man den eigenen Blick in die nach vorn gerichteten, glänzenden, aufmerksamen Augen dieses bildschönen Tieres versenken.

Und dann die Farben und die Fleckenzeichnung! Durch das kurze, glatte Fell kommen sie besonders zum Ausdruck. Goldgelb herrscht vor, egal, ob es sich um helle oder dunkle Exemplare handelt, ob die Flecken und Rosetten groß oder klein sind. Die Anordnung der Flecke zueinander ändert sich in jeder Stellung, so daß immer wieder andere Zeichnungsmuster zustandekommen. So nachhaltig schon der unbewegliche Leopard eine unwider-

stehliche Ausstrahlung verbreitet, so stark wird das überhöht, wenn die unnachahmlich eleganten Bewegungen des geschmeidigen Tieres dazukommen. Ob ein Leopard in grünem Gras oder in vertrockneten goldfarbenen Büschen Beute anschleicht, ob er auf einen Betrachter zukommt oder seitlich an einem vorbeigeht, ob er einen Baum besteigt oder gar im Mutter-Kind-Verband spielt, man kann den Blick von diesem genußvollen Anblick nicht wenden.

Begegnungen mit Leoparden sind Höhepunkte der Tierbeobachtungen – leider zugleich in den allermeisten Fällen sehr flüchtige Zufallsereignisse. Fast alle Leoparden sind scheu und gewähren uns kaum den Anblick ihrer Erscheinung und noch viel weniger einen Einblick in ihr Leben. Umso nachhaltiger beeindrucken längere Begegnungen mit diesen Katzen, bei denen man sie über viele Stunden aus nächster Nähe betrachten kann. Selbst in einem Gebiet mit großer Leopardendichte ist es vom Zufall abhängig, auch tatsächlich mit der prachtvollen Katze zusammenzutreffen. Besonderes Glück gehört natürlich dazu, aktive Leoparden in Muße beobachten zu dürfen, vielleicht über viele Stunden und bei verschiedenen Tätigkeiten. Wenn es jetzt noch gelingt, am Leben einzelner Exemplare ein paar Tage, ein paar Wochen oder gar viele Monate teilnehmen zu können, ist das ein großes Geschenk. Dabei entsteht ein persönliches Band, das weit über die Verschiedenheit der beteiligten Arten beide Geschöpfe miteinander verbindet.

Wir selbst haben auf unseren zusammengenommen über siebzig Reisen durch Afrika immer viel Glück damit gehabt, Leoparden in verschiedenen Biotopen zu begegnen. Wir haben sie im feuchten, dichten Wald in Zaire und in der heißen Kalahari aufgespürt, an den Hängen vulkanischer Berge oder in den Halbwüsten nördlich des Äquators angetroffen. Die Gesamtzeit, die wir zusammengerechnet in Afrika im Feld verbrachten und die wir ganztägig zur Tierbeobachtung anwendeten, ergibt fünf Jahre und zwei Monate. Wir sahen in dieser Zeit 152 verschiedene Leopardenindividuen, davon 61 in Tansania, 79 in Kenia, zwei in Sambia, vier in Südafrika, drei in Namibia und je eins in Simbabwe, Ruanda und Zaire. Von diesen Tieren, die wir allerdings nur am Tage beobachteten, konnten wir 112 fotografieren, in den ersten Jahren noch in Schwarzweiß, später in Farbe. Dabei konnten wir manchmal oft nur schlaglichtartige, auf wenige Augenblicke beschränkte Eindrücke gewinnen und fotografieren. Manchmal allerdings gelang es uns auch, an ein paar aufeinanderfolgenden Tagen (bis zu zwei Wochen) Leoparden zu beobachten, zu fotografieren und das Gesehene zu protokollieren. Einige wenige Tiere aus dem Masai Mara Nationalreservat und dem Samburu Reservat, beide in Kenia, haben wir über mehrere Jahre immer wieder angetroffen. Diese eigenen Erfahrungen im Feld an unterschiedlichsten Orten gestatten uns, die wissenschaftliche Literatur und einige populärwissenschaftliche Reportagen über Afrikas Leoparden besonders gut zu verstehen. Umgekehrt hat die Kenntnis der Literatur unseren Blick im Feld geschärft, um zunehmend mehr Einzelheiten aus dem Leben der Leoparden zu verstehen.

Wir konnten im Masai Mara Nationalreservat in Kenia das Aufwachsen zweier Wurfgeschwister über zwölf Monate lang beobachten, bis das weibliche Junge wahrscheinlich einer Löwin zum Opfer fiel. Danach blieben Mutter und Sohn weiterhin die Beobachtungsobjekte. In aussagekräftigen Fotos ist ein Teil der Geschichte dieser Leopardenfamilie in Pölkings Buch ‚Impressionen aus dem Leben einer Leopardin' festgehalten. Wir kennen die Mutter seit 1988 und haben sie immer wieder getroffen, in manchen Jahren konnten wir sie auch über längere Zeiträume beobachten. Schon 1988 bei unserer ersten Begegnung mit dieser gefleckten Katze zeigte sie von Anfang an eine gering ausgeprägte Scheu vor dem Menschen. Dabei hatten wir die Hoffnung, daß sie eines Tages interessierten

Die Flecken des Leoparden sind eigentlich Rosetten

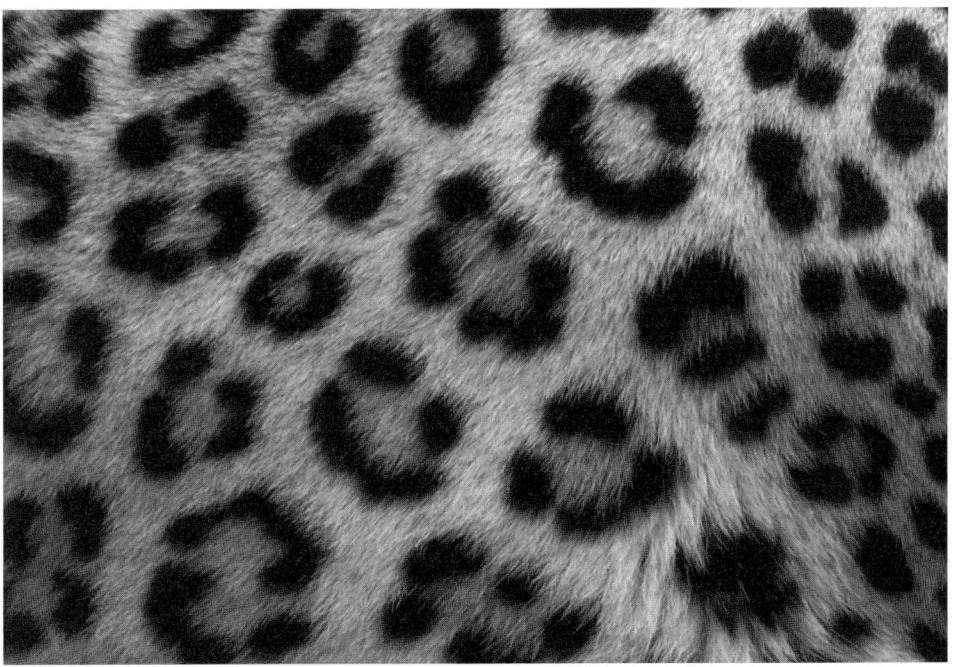

Beobachtern die Gelegenheit geben würde, viele Einzelheiten aus dem Leben eines Leoparden preiszugeben. Daß wir alle drei auf ihrer Spur bleiben konnten, macht uns dankbar. Daraus erwuchs eine Art Verpflichtung, alle genau protokollierten Beobachtungen zu ordnen. Ergänzend haben wir aus der Literatur zusammengetragen, was es an Mosaikbausteinen gibt, um ein möglichst vollständiges Bild vom Afrikanischen Leoparden zu zeichnen. Jetzt wollen wir in diesem Buch diese Kenntnisse all jenen zugänglich machen, die diese gefleckte Großkatze lieben. Darunter werden sicher viele sein, die überhaupt nicht nach Afrika kommen können oder bei wochenlangem Aufenthalt im dortigen Busch nicht einmal die Schwanzspitze eines Leoparden zu sehen bekommen. Zugleich können alle, die Leoparden aus Fernsehfilmen kennen, in diesem Buch mehr von dieser Katze erfahren.

Der Leopard hat es lernen müssen, heimlich und verborgen zu leben. Wegen dieser Eigenschaften hat der freilebende Leopard Forschern nur wenig Einblick in sein Leben gewährt. So sind manche Einzelheiten, die bei vielen anderen Großtieren genau bekannt sind, bei dieser gefleckten Katze weder beobachtet noch zusammenhängend erforscht worden. Selbst ein so hervorragender und weltweit bekannter Afrikaexperte wie Leslie Brown gibt zu: „... ich habe wirklich keine konkreten Daten" über den Leoparden und er fügt hinzu: „... und die hat auch niemand anders."

Im deutschen Schrifttum gibt es keine umfassende Zusammenstellung der Kenntnisse über den Afrikanischen Leoparden. 1967 veröffentlichte Turnbull-Kemp ein Buch, das den damaligen Kenntnisstand berücksichtigte, aber leider lange vergriffen ist. Der Biologe Scott hat 1985, ähnlich wie der Tierfotograf Pölking 1995, eine Menge Daten sammeln können und in einem Bildband mit perfekten Fotos veröffentlicht. Beide Autoren – vor allem Pölking – waren auf Leoparden gestoßen, die gegenüber ihnen und ihren Fahrzeugen keinerlei Scheu zeigten. Das gewährte beiden Fotografen viele Einblicke in das Leben des Leoparden, die bislang nicht dokumentiert waren. In Südafrika konnte der Tierfotograf Hinde 1992 eine Reihe von miteinander verwandten Leoparden über zehn Jahre beobachten und dabei bis dahin unbekannte Sachverhalte entdecken. Leider waren seine Beobachtungen nicht so engmaschig wie die von Scott oder Pölking, es gab bei seinen Untersuchungen größere zeitliche Lücken. Seine Fotografien sind sehr eindrucksvoll. Das an Informationen randvolle Buch des Wildbiologen Bailey 1993 ‚The African Leopard' ist leider nicht bebildert. Es vermittelt eine Fülle von Beobachtungen aus einem kleinen Gebiet des Krüger Nationalparks in Südafrika und gibt einen Literaturüberblick. Der Autor betont zurecht, daß seine Ergebnisse nur für seinen Beobachtungsbereich volle Gültigkeit haben. Was für Leoparden der dortigen Region gilt, braucht für Artgenossen aus dem Regenwald Zaires oder aus den Halbwüsten des Sudans keineswegs zuzutreffen. Gerade beim Leoparden muß man sich hüten, Einzelbeobachtungen zu verallgemeinern. Selbst innerhalb einer Leopardenfamilie oder zwischen Geschwistern verschiedener Würfe gibt es große Unterschiede im Verhalten und in der Lebensgeschichte der einzelnen Tiere.

Wir sind überzeugt, daß viele Menschen einfach mehr über den Leoparden erfahren möchten. So lag es nahe, daß wir drei seit langem befreundeten Autoren uns zusammengetan haben und in diesem Buch eigene Beobachtungen mit den in der wissenschaftlichen Literatur niedergelegten Fakten verknüpften. Auch verläßlich und plausibel erscheinende Berichte Fremder und populärwissenschaftliche Veröffentlichungen haben wir berücksichtigt, sofern sie eigene Beobachtungen und seriöse Quellen ergänzen können.

Wir hoffen, mit diesem Buch ein verläßliches und zugleich interessantes Werk vorzulegen, das helfen mag, die Kenntnisse über den Leoparden zu erweitern und diese herrliche gefleckte Großkatze besser zu verstehen.

Äußeres Erscheinungsbild

Das Erscheinungsbild des Leoparden zeigt eine erstaunlich große individuelle Verschiedenheit. Das betrifft nicht nur die körperlichen Merkmale, sondern darüberhinaus auch das Verhalten. Diese große Variabilität muß unter verhaltensökologischen Gesichtspunkten gesehen werden. Um so unterschiedliche Lebensräume und Klimaten zu besiedeln, bedurfte es der Ausbildung erheblicher Anpassungen an die jeweilig vorgegebenen ökologischen Bedingungen.

Körperbau, Fellfärbung und Flecken sowie Geschlechtsunterschiede

Von der Gestalt her ist der Leopard unverwechselbar. Er vermittelt den Eindruck großer Stärke. Die mittellangen kräftigen Beine mit den großflächigen Pranken stehen in einem vom Menschen als ästhetisch empfundenen Verhältnis zum ebenmäßigen, schlanken Körper mit dem langen Schwanz. Die Fleckenzeichnung ist gelegentlich Anlaß zur Verwechslung mit dem Geparden, besonders wenn man eine gefleckte Katze nur schlaglichtartig, etwa aus dem fahrenden Auto oder womöglich flüchtig in der Buschsavanne zu sehen bekommt. Vom Körperbau her sind Geparden geradezu hochbeinig und ihr viel kleinerer Kopf fällt auf den ersten Blick auf. Da das Fleckenmuster in mancher Umgebung beide Arten im Sinne der Somatolyse tarnt, kann man die Flecken zur Unterscheidung dieser beiden großen gefleckten Katzen nur heranziehen, wenn die Tiere frei sichtbar sind. Geparden haben runde, volle Flecken, während Leoparden Rosetten tragen. Diese bestehen aus

braunschwarzen Flecken, die annähernd kreisförmig angeordnet sind. Die Mitte dieser Rosetten ist dunkler gefärbt als die Fellgrundfarbe. Wenn diese sehr hell ist, sind auch die Zentren der Rosetten heller, gleiches gilt für dunkle Farbvarianten. Von Tier zu Tier schwanken auch die Größen der Rosetten. Abnorme Musterungen, wie sie Kingdon 1977 beschreibt und in farbigen Abbildungen vorstellt, kommen insgesamt selten vor. Die Zuordnung solch ungewöhnlicher Zeichnungen zu bestimmten Unterarten ist nicht möglich. Vielfach sind die Flecken – besonders in der Längsrichtung des Rückens – reihenförmig angeordnet. Dem Schwanz verleihen sie oft ein geringeltes Aussehen. An der Brust und am unteren Hals findet man häufig statt nebeneinander stehender Rosetten Flecke, die in einer Richtung angeordnet sind und wie Halsbänder wirken. An der Oberseite des langen Schwanzes setzen sich die Rosetten der Mittellinie fort. An der Schwanzseite sind Grundfarbe und Rosettenfärbung etwas heller. Zum Schwanzende hin werden die Rosetten immer weniger ausgeprägt, können aber manchmal zu mehreren Querringen verschmelzen. Besonders bei nach oben gebogenem Schwanz ist das gesamte Ende an der Unterseite weiß. Bauch und obere Beininnenseiten sind ebenfalls frei von Rosetten und weiß, gelblich-weiß oder in grau übergehend gefärbt. An den übrigen Beinteilen sind Rosetten nur in den oberen Partien ausgeprägt. Weiter zu den Pranken hin sind Vollflecken zu finden, die nach unten zu immer kleiner werden. Am Kopf und oberen Hals und Nacken sind keine Rosetten ausgebildet, sondern nur schwarze Vollflecken vorhanden. Sie sind von Tier zu Tier in jeweils anderen Mustern angeordnet und fließen manchmal zu Streifen oder zu Haufen zusammmen. Viele Autoren betonen, daß Leoparden „nach Größe, Farbe und Zeichnung eine außerordentlich große Variabilität aufweisen" (Guggisberg 1966-68, Haltenorth 1977, Dorst und Dandelot 1970).

Der Geschlechtsunterschied im Körperbau ist natürlich an den äußeren Geschlechtsorganen, besonders an den Hoden einfach zu erkennen: Der kurze, behaarte Penis mit einem verkümmerten Penisknochen liegt unmittelbar unterhalb des runden Hodensacks. Er ist – wie die weibliche Harnröhre auch – nach hinten gerichtet. Das gestattet beiden Geschlechtern waagerechtes Harnspritzen. Leider bekommt man die äußeren Geschlechtsorgane oft gar nicht zu sehen. Dennoch lassen sich die beiden Geschlechter deutlich am Körperbau unterscheiden: Erwachsene Männchen sind insbesondere an den Schulterpartien, Hals und Vorderbeinen massiver gebaut, auch ihr Kopf ist größer und massiger. Bei Jungtieren fällt ein Mißverhältnis zwischen der Größe der Pranken und dem übrigen Körper auf. Bei Jungen bis zu einem halben Jahr ist das besonders auffällig. Wir haben einmal im Nairobi Nationalpark in Kenia eine Leopardenmutter mit ihrem eineinhalbjährigen Sohn gesehen, die wir zunächst für ein zur Fortpflanzung vorübergehend zusammengeschlossenes Paar gehalten haben. Daß es sich um Mutter und Sohn handelte, erfuhren wir durch einen verläßlichen Game Ranger, der die beiden seit langem kannte. Das Jungtier zeigte schon einen erkennbar massiven Körperbau, besaß aber selbst daran gemessen auffallend große Pranken. Wer viele Leoparden gesehen hat, wird aus den relativ „zu' großen Pranken im Verhältnis zum übrigen Körper auf die Jugendlichkeit schließen.

Je jünger die Leoparden sind, desto intensiver spricht bei ihrer ganzheitlichen Betrachtung unser Kindchenschema an. Der Kopf der Jungtiere ist rund, ihre Augen sind relativ groß und beherrschen das Gesicht. Das Fell der Kleinen ist kuschelig und sieht weicher aus als das glatte Fell des erwachsenen Leoparden. Zunächst ist die Farbe der Jungen schiefergräulich dunkel, das Fleckenmuster ist am Anfang nur gering ausgeprägt.

In den größeren Höhenlagen und im Regenwald findet man gar nicht allzu selten Schwärzlinge, die auch Schwarze Panther genannt werden. Wir selbst haben einmal 1981 in den

Bei Jungtieren sind die Pranken relativ groß

Mit zehn Monaten sind bei diesen Geschwistern die Größenunterschiede der Geschlechter schon sehr deutlich

Nyandaruabergen Kenias solchen Schwärzling gesehen. Die Ausprägung des schwarzen Fells ist erblich, sie wird über ein einziges Gen (monogenetisch) rezessiv ererbt. Die Erbanlage kann also auch bei normal gefleckten Leoparden vorhanden sein. Daher sind bei den meisten Schwärzlingen die Eltern normal gefärbt (Robinson 1970). Im gleichen Wurf können Schwärzlinge neben normal gefärbten Jungen vorkommen.

Tötungs- und
Tragebiß
vom Nacken her

Das Gebiß des Leoparden. Es ist kräftig und hat folgende Zahnformel:

oben	3	1	3	1
unten	3	1	2	1
	Schneidezähne*)	Eckzahn	Vord.Reiß- bzw. Backenzähne	Hint.Reiß- bzw. Backenzahn
	(Inzisivae)	(Caninae)	(Praemolaren)	(Molare)

*) Der 3. Schneidezahn ist oben und unten deutlich größer als der 1. und 2.

Tötungsbiß von der Kehle her

Die auffälligen langen dolchartigen drehrunden Eckzähne sind besser als die anderen zum Festhalten der Beute geeignet, dienen aber auch dem eigentlichen Tötungsbiß. Sie sind besonders gut geeignet, das Halsmark des Beutetieres zu durchtrennen. Wenn der Eckzahn beim ersten Biß auf einen Halswirbelknochen trifft, kann durch blitzschnelles Öffnen der Kiefer und sofortiges erneutes Zubeißen an einer kopf- oder rumpfwärts etwas verschobenen Stelle der Zwischenwirbelraum gefunden werden, durch den der Eckzahn in den Rückenmarkskanal eindringt und durch Zerreißen des Halsmarks augenblicklich den Tod herbeiführt. „Der Zahn zwängt sich dann wie ein Keil zwischen die Wirbel, sprengt diese aus ihrer Verbindung und zerreißt damit das Halsmark ganz oder teilweise" (Leyhausen 1973). Lediglich wenn die Nackenmuskulatur zu dick ist, um den Eckzahn durchzulassen, setzt der Biß an der Vorderseite des Halses an, wo andere lebenswichtige Organe zerrissen und durchtrennt werden können. Bei diesem Kehlbiß können die Eckzähne in die Schädelbasis eindringen, auch zwischen Schädelbasis und 1. Halswirbel, ja sogar von vorn an das Halsmark gelangen.

Die Backenzähne dienen wie Brechscheren dazu, Muskeln und Sehnen, ja selbst Knochen zu zerkleinern. Eaton 1970 betont, daß die scharfen Reißzähne des Leoparden, die Größe seiner Eckzähne und sein massiver Schädel evolutionär entstandene Anpassungen an den Tötungsbiß in dem von Leyhausen 1973 geschilderten Vorgang darstellen.

Die Beute muß zum Zerbeißen und zum Abreißen von Fleisch weit nach hinten zwischen die Kiefer geschoben werden, um von den Reißzähnen überhaupt gefasst werden zu können. Was nicht durch das Zerschneiden dieser Gebißschere von der Beute abgetrennt wird, wird mit diesen Zähnen durch seitliche Kopfbewegungen abgerissen. Daher kommt der

Name Reißzahn. Die kleinen Schneidezähne benutzt der Leopard, um Fleischreste von Knochen abzuschaben, manchmal auch, um Haare bei Säugetieren oder Federn bei Vögeln zu entfernen.

Beine und Pranken

Leoparden sind Zehengänger. Dicke Polster unter vier Zehen und unter der Fußsohle ermöglichen ihnen ihren katzentypischen Gang ‚auf leisen Sohlen'. An den hinteren Pranken haben sie vier Zehen, der erste Strahl, der unserer Großzehe entspricht, ist verkümmert. An den Vorderpranken ist der unserem Daumen entsprechende erste Strahl körperwärts an die Innenseite der Vorderbeine eben oberhalb der Pranke verlagert, berührt daher beim Gehen den Boden nicht. Gelegentlich wird dieser zurückgebildete Finger zum Festhalten mancher Beutetiere benutzt. Alle Zehen tragen an der Spitze sehr scharfe, lange, gebogene Hornkrallen. Diese sind in Ruhehaltung in Hornscheiden verborgen. Ein elastisches Band sorgt dafür, daß sie aus diesen nicht von allein hervorkommen können. Erst bei Streckung der Zehen wird durch die Kraft der Muskulatur dieses elastische Band dann so gedehnt, daß die Krallen heraustreten. Wenn die Streckmuskulatur der Finger und Zehen nicht mehr angespannt ist, zieht das elastische Band das Fingerendglied, an dem die Kralle sitzt, wieder in die Hornscheide zurück. Es ist deshalb sprachlich nicht korrekt, von ‚einziehbaren' Krallen zu sprechen, richtiger müßte man die Krallen als willkürlich herausstreckbar bezeichnen. In der Ruhestellung schnellen die vorgestreckten Krallen in ihre Hornscheiden von allein zurück, während sie bei Bedarf in bestimmten Fällen aktiv ausgestreckt werden können. Insofern gehen die Großkatzen nicht auf gestreckten Zehen, wie das für den wissenschaftlich digiti-

Am linken Vorderbein erkennt man deutlich den nach oben verrückten ‚Daumen'

Abdruck vom rechten Vorderfuß

grad genannten ‚richtigen' Zehengang gilt. Finger- und Zehengelenke bleiben beim Gehen – durch das elastische Band – stark gebeugt. Damit gehen die Katzen vielmehr auf
den Fingerendgelenken. Beim Trittspiegel entsprechen diesen die vier runden Zehenab-
drücke (Taylor 1989). Die Grundgelenke dagegen berühren bei der Fortbewegung den Boden, sie sind von einem großen gemeinsamen Sohlenpolster überzogen, das zugleich die
vorderen Teile der Mittelhand (bzw. -fuß)-Knochen polstert.

Sinnesorgane

Die Ohren sind gerundet, ihre bemerkenswerte Beweglichkeit dient sowohl dem Rich-
tungshören als auch mimischen Ausdrucksbewegungen. Der Gehörsinn ist ausgezeichnet
entwickelt. Leoparden können weit höhere, für uns Menschen nicht mehr hörbare Fre-
quenzen bis zu 45.000 Hertz vernehmen. Die Augen sind nach vorn gerichtet. Sie zeigen
eine breite Überschneidung der Sehachsen und gestatten dadurch ein ausgezeichnetes
räumliches Sehen. Das Sehvermögen entspricht bei Tage etwa dem des Menschen, nachts

können Leoparden um ein fünf- bis sechsfaches besser sehen als Menschen. Das ist möglich, weil sie die runde Pupille einerseits sehr weit öffnen können, damit auch schwaches Licht ins Auge gelangen kann. Andererseits besitzen Leoparden eine besondere Vorrichtung am Augenhintergrund. Hinter der Netzhaut, dem Sitz der Sehzellen, liegt eine reflektierende Schicht, das sogenannte Tapetum lucidum (wörtlich übersetzt: leuchtende Tapete). Licht, das durch die Linse gebündelt auf die Netzhaut fällt, erregt dabei die Sehzellen zunächst direkt beim Auftreffen von vorn. Das Licht durchdringt dann aber die Netzhaut und wird vom Tapetum lucidum wie durch einen Spiegel reflektiert. So erregt es die Sehzellen von hinten her noch einmal. Im übrigen ist das der Grund dafür, daß Leopardenaugen – wenn sie im Dunkeln mit einer künstlichen Lichtquelle angestrahlt werden – so kräftig gelbgrün leuchten.

Der Geruchssinn ist beim Leoparden hervorragend ausgeprägt. Weil er unserem menschlichen Riechvermögen so stark überlegen ist, können wir Menschen uns in diese Welt der Gerüche, an denen sich Leoparden so sicher orientieren, gar nicht hineindenken. Man muß viel Fantasie haben, um zu begreifen, wie unendlich viele Informationen ein Leopard über sein Riechvermögen empfangen kann.

Der Nasenspiegel hat beim Leoparden wie auch bei den anderen Großkatzen eine andere Form, als wir es von der Hauskatze her kennen. Die Behaarung des Nasenrückens reicht bis

unmittelbar an den Spiegel heran. Die Schnurrhaare können eine beträchtliche Länge erreichen, sie sind in mehreren Reihen untereinander angeordnet. Sie besitzen an ihrer Basis hochempfindliche Sinneszellen, die über den Hebel des Schnurrhaares zarteste Berührungsreize melden. Das gestattet dem Leoparden, im Gelände die Weite einer Durchtrittsöffnung für seinen Körper millimetergenau ‚auszumessen'. An den Augenbrauen sind zwei oder drei ganz besonders lange Haare, die vom Kopf abstehen und dieselbe Funktion haben wie die Schnurrhaare.

Maße und Gewichte

Einige wichtige Maße und Gewichte sind in Tab. 1 zusammengefaßt. Der Vergleich der Zahlen der einzelnen Autoren zeigt erhebliche Unterschiede. Diese sind keineswegs nur an den jeweiligen Lebensraum gebunden, sondern weisen auch individuelle große Unterschiede auf, oft sogar im gleichen Lebensraum.

Weitere Quellen für die großen Unterschiede solcher Meßdaten sind die unterschiedlichen Meßmethoden. Manche Autoren vermessen frischtote Leichen, von denen einige ausgeblutet sind, andere mit der ganzen Blutmenge gewogen werden. Manche Exemplare sind beim Wiegen bereits ausgeweidet. Oft werden Museumsfelle oder präparierte (ausgestopfte) Felle gemessen und gewogen.

Einige wichtige Daten der Fortpflanzungsbiologie enthält die Tab. 7. Die Schwankungen der Angaben beruhen auf der geringen Anzahl zuverlässiger Beobachtungen. Bemerkenswert ist, daß einige Autoren Geburtsgewichte von 40 bis 60 g angeben. Das zeugt von einem Mangel an persönlicher Anschauung bei jungen Großkatzen oder einem Defizit an eigenen Beobachtungen. Freilich darf man z.T. auch annehmen, daß solche Angaben über Leoparden kritiklos von einigen Autoren ohne einen Vergleich dieser Zahlen mit denen anderer Beobachter übernommen wurden. Viele Daten leiden an einem solchen Mangel an Vergleichbarkeit. So ist es wertvoll, daß Caro 1994 die neuesten Durchschnittswerte für den Leoparden angibt. Dabei handelt es sich um Mittelwerte aus vielen Arbeiten der Weltliteratur:

Gewicht: 38,2 kg; Geburtsgewicht: 527,1 g; Wurfgröße: 2,5; Entwöhnung: 92. Tag; Trennung von der Mutter: 527,4. Tag; Reife: 942,9. Tag; Trächtigkeit: 96,8 Tage; Geburtenintervall: 21,3 Monate; Lebensdauer: 247 Monate.

Stellung im zoologischen System

Die Einordnung des Leoparden als Art in das zoologische System bereitet keine Schwierigkeiten. Sie ist in der bereits von Linné, dem großen schwedischen Naturforscher, selbst vorgenommenen Form noch heute unverändert gültig:

Ordnung:	Raubtiere	*Carnivora*
Familie:	Katzen oder Katzenartige	*Felidae*
Gattung:	Großkatzen oder Pantherkatzen	*Panthera*
Art:	Leopard oder Panther	*Panthera pardus*

Problematisch ist die Aufgliederung in Unterarten.

In den Zeiten der Erstbeschreibung großer Säugetiere war es üblich und weit verbreitet, viele Unterarten voneinander abzugrenzen. So geschah das auch beim Leoparden. Bei den asiatischen Vertretern wurden 14 Unterarten geschaffen, bei dem in diesem Buch abgehandelten Afrikanischen Leoparden wurden von verschiedenen Forschern eine unterschiedliche Anzahl von Unterarten voneinander abgegrenzt. Dabei ist durchaus eine gewisse Uneinheitlichkeit in der Bezeichnung festzustellen, wie aus Tab. 2 hervorgeht. Wer sich näher mit der Biologie des Leoparden beschäftigt, wird in dieser Aufsplitterung kaum einen vernünftigen Sinn sehen. Die Unterartbestimmungen sind vielfach auf wissenschaftliche Arbeiten von Museumszoologen zurückzuführen. Nach Museumsstücken, deren Fundort bekannt war, grenzten sie Unterarten vorwiegend nach Fellfärbung und Fellzeichnung ab, manche bezogen auch noch Schädelmessungen als Kriterien mit ein. Vielfach gründete

Die Leoparden der Nyandaruaberge (Aberdares) sind häufig sehr dunkel gefärbt

sich so eine neue oder besser neu beschriebene Unterart nur auf ganz wenige Museums-
exemplare. Deren Erhaltungszustand und Fellfarbe können sich jedoch durch unterschiedliche Aufbewahrungsbedingungen verändert haben. Körpermaße, die an Museumsstücken genommen wurden, sind im übrigen oft wenig verläßlich und über Gewichte läßt
sich nichts aussagen.

Was die Fellfarben angeht, finden wir die Einteilung von Pocock sinnvoll. Er hat – ohne Absicht, damit Unterarten zu kreieren – die unterschiedlichen Grundfärbungen des Fells den
jeweiligen Lebensräumen zugeordnet:

1. Ocker- bis lohfarben in der Savanne
2. Hell gelbgrau bis cremefarben in der Wüste und auf trockenen, felsigen oder
   sandigen Böden
3. Dunkel bis schwarz in hohen Berglagen
4. Dunkel im Regenwald, jedoch nicht so wie im Gebirge.

Wir selbst haben z.B. beim Ostafrikanischen Leoparden in der Serengeti in Tansania wesentlich hellere Exemplare gesehen als im wenig entfernten Manyara Nationalpark Tansa-
nias. Die nach der gültigen Lehrmeinung ebenfalls zur gleichen Unterart gehörigen Leoparden der Nyandaruaberge waren besonders dunkel. Hier haben wir auch einmal einen
Schwärzling gesehen. Vor allem erscheinen uns die Leoparden in den Nyandaruabergen –
ohne daß wir Messungen vorlegen könnten oder in der Literatur fanden – deutlich massiger
im Körperbau gegenüber etwa den zierlichen Exemplaren im Tarangire Nationalpark oder
im Selous Reservat. Verhältnismäßig klein und besonders hell erschienen uns die Leopar-

Bei völlig frei sitzenden Leoparden erkennt man viele Einzelheiten des Musters und der Farbe

den im Samburu Nationalreservat in Nordkenia. Diese unsere eben geschilderten eigenen Beobachtungen fügen sich also – nur in einer Unterart! – gut in das Pococksche Schema. Andererseits haben wir bei der Unterart des Kap Leoparden im Krüger Nationalpark in Südafrika Exemplare gesehen, die sich in Farbe und Fleckenmuster von den Ostafrikanischen Leoparden in der Serengeti weit weniger unterschieden als von ihren Unterartgenossen in der Kalahariwüste. Im Hwenge Nationalpark in Simbabwe sahen wir im dichten Buschland größere und dunklere Exemplare des Kap Leoparden, die im Erscheinungsbild wiederum eher jenen glichen, die wir im Manyara Nationalpark in Tansania beobachteten.

Natürlich ist die Zahl unserer Einzelbeobachtungen an den jeweiligen Plätzen zu gering, als daß wir damit irgendeinen Beitrag zur wissenschaftlichen Diskussion einer Unterartbezeichnung leisten können oder wollen. Dennoch verhilft uns die eigene Anschauung dazu, die Relevanz der Unterarten beim Afrikanischen Leoparden mit Skepsis zu betrachten, sofern Fellfarbe, -zeichnung und Größenmaße als die wesentlichen Kriterien einer solchen Einteilung angesehen werden.

Als Pocock 1932 die Erstbeschreibung des Sansibar-Leoparden P.p. adersi unternahm, dachte man, dieser lebe nur auf der Insel. Von seiner geographisch nächsten Unterart auf dem Festland P.p. suahelica unterschied er sich durch das Fleckenmuster. Es sollen aber für diesen Vergleich nur zwei Felle zur Verfügung gestanden haben. In der Größe der wenigen untersuchten Schädel sind die Unterschiede aller durchgeführten Messungen geringer als 1 mm! Dobroruka 1965 glaubt, daß der Sansibar-Leopard auch in den Küstengebieten Ostafrikas bis zum Shirefluß im jetzigen Malawi reicht. Die Begründungen mit unterschiedlichen Fleckenmustern und geringen Differenzen bei den Schädelmaßen ist nicht haltbar, die Maße liegen innerhalb der großen Variationsbreite für solche Kriterien.

Ebenfalls von Dobroruka 1966 stammt aufgrund umfangreicher Messungen die Empfehlung, die Unterart P.p. puella als unhaltbar anzusehen und sie synoym mit P.p. shortridgei einzuordnen.

Ein weiteres Beispiel für die Konfusion in der Literatur über die Abgrenzung von Unterarten schildert Guggisberg 1966-68. Danach hat Neumann einen Leoparden aus der Gegend des Manyara Nationalparks in Tansania mit dem Namen P.p. suahelica belegt. Aus den Lolitaplains in Kenia beschrieb Heller 1932 eine Unterart P.p. fortis. Pocock fand 1932 zwischen diesen beiden Unterarten überhaupt keinen Unterschied und faßte P.p. suahelica und P.p. fortis zusammen zur Unterart P.p. fusca. Wäre das berechtigt, so müßte die ostafrikanische Unterart mit dem bengalischen Leoparden P.p. fusca (A.A. Meyer) gleich sein. Diese Überlegungen zeigen die Unbrauchbarkeit, Unterarten allein auf Fellfarbe und Schädel bzw. Zahnmerkmale zu gründen.

Die große Variabilität der Leoparden in ihrem gesamten riesigen Verbreitungsgebiet schließt im übrigen auch das Verhaltensrepertoire ein. Damit läßt sich auch eine Unterteilung in Unterarten nach Verhaltensmerkmalen nicht durchführen. In der Literatur haben wir ebenfalls keine Verhaltensweisen beschrieben gefunden, die für eine Unterart den taxonomischen Wert einer Abgrenzung in Anspruch nehmen kann. Jagd und Nahrungsverzehr, Ruhe- und Schlafverhalten, Fortpflanzungsverhalten u.a.zeigen selbst in kleinen Populationen ein und derselben Unterart ein breites Spektrum an Unterschieden. Die von Pölking 1995 geschilderten Verhaltensweisen von vier in direkter Linie miteinander verwandten Leoparden machen deutlich, daß sogar innerhalb einer Familie in verschiedenen Generationen unterschiedliches Verhalten vorkommt (vgl. Anhang).

Wir möchten nicht in die Diskussion um die Existenz und die Bedeutung einzelner Unterarten eingreifen und auch nicht den taxonomischen Wert der zur Unterarteinteilung führenden Merkmale beurteilen. In diesem Buch werden wir auf die Nennung und Einteilung in Unterarten nicht eingehen und nur vom Afrikanischen Leoparden sprechen.

Verbreitungsgebiet der Leoparden in Afrika

Das Verbreitungsgebiet des Afrikanischen Leoparden reicht fast über das gesamte tropische Afrika. Im südlichen Drittel sind einige Teile der Kapregion, als schmaler Streifen die Westküste des südwestlichen Afrikas und die Sahara ausgespart. In Nordafrika gibt es über die Bestände in Marokko, Algerien und Tunesien keine sicheren Angaben. Der Bestand auf Sansibar ist äußerst gefährdet, vielleicht bereits erloschen. In der reinen Wüste kommen Leoparden nicht vor. Afrikas hohe Berge hat die gefleckte Katze erobert. Berühmt geworden ist die Beobachtung von Latham 1926 (zit. bei Guggisberg 1966-68), der einen ausgetrockneten Leopardenkadaver in 5642 m Höhe fand, die Fundstelle heißt seither ,Leopard Point'. Nach Guggisberg 1966-68 haben Bergsteiger am Mawenzie, dem zweithöchsten Gipfel des Kilimanjaromassivs in 4209 m Höhe Leoparden gehört und am Südhang des Kibos – der höchsten Spitze des Kilimanjaro – in 4575 m Höhe welche beobachtet. Ein Leopardenskelett hat Robson 1943 (zit. bei Guggisberg 1966-68 ohne Literaturangabe) im Krater des Kibo gefunden.

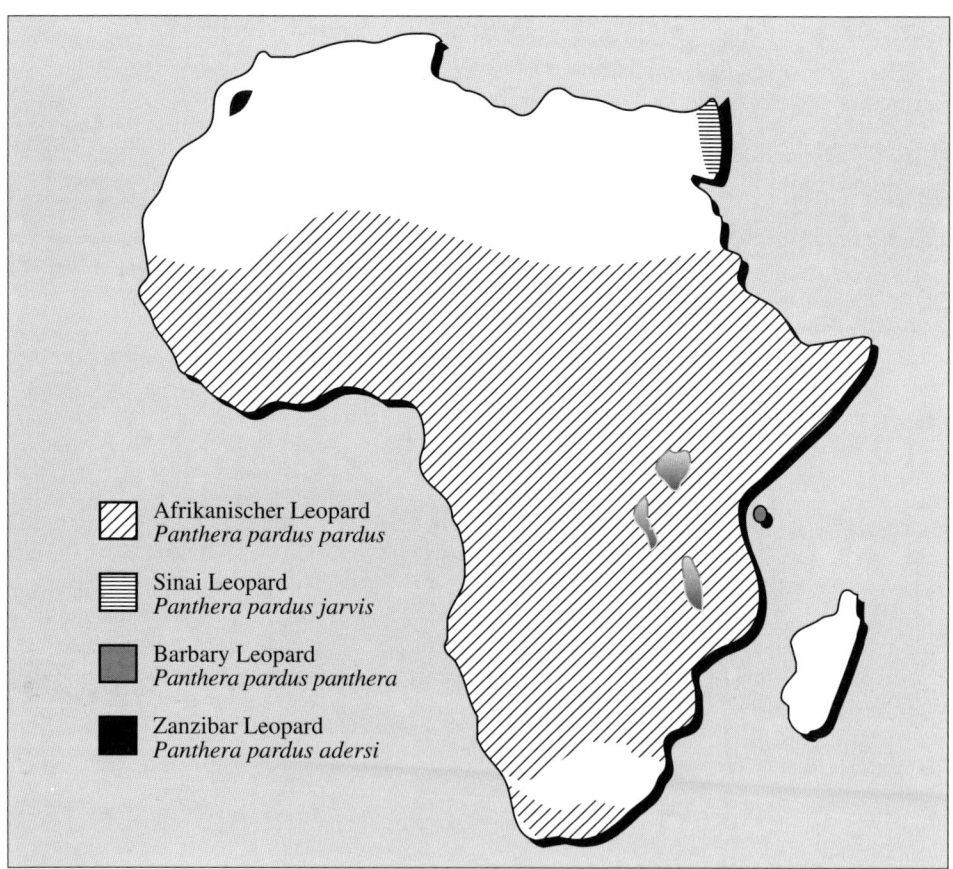

Afrikanischer Leopard
Panthera pardus pardus

Sinai Leopard
Panthera pardus jarvis

Barbary Leopard
Panthera pardus panthera

Zanzibar Leopard
Panthera pardus adersi

Methoden zur Beobachtung von Leoparden

Eine generelle Aussage, ob Leoparden tagaktiv oder nachtaktiv sind, ist nicht möglich. Nach Myers 1976, der sich auf viele Beobachtungen in ganz Afrika stützt, bevorzugen Leoparden in vielen Regionen ihrer Verbreitungsgebiete das Leben am Tage. Nur wenn sie viel gestört werden, ziehen sie sich in eine nächtliche Lebensweise zurück. Vor allem menschliche Aktivitäten sind solche Störungen, aber auch große Bestände an Löwen und Tüpfelhyänen können einen Rückzug in nächtliches und verstecktes Leben bewirken.

Ob Leoparden nun nächtlich oder am Tage leben, in jedem Fall gehören heimliche Lebensweise und vorsichtige Scheu zu seinen typischen Verhaltensweisen. Daher haben wir nur lückenhafte Kenntnisse von biologischen Einzelheiten. Das ist für praktische Belange, etwa für den Schutz der Haustierherden, besonders betrüblich (Mutinda 1977). Als Kenner des Leoparden meint Myers 1977, er habe wenig Hoffnung, daß sich die Datenbank der Kenntnisse über Einzelheiten vom Leoparden, z.B. über den Grad seiner Bedrohung, vergrößern würde. Tatsächlich hat er recht gehabt. Noch immer wissen wir viel zu wenig über die gefleckte Großkatze Afrikas. Das hindert Naturschutzbehörden vor Ort und Jagdorganisationen in aller Welt freilich nicht, die Jagd auf den Leoparden für unbedenklich zu erklären.

Das wissenschaftliche Bearbeiten von Leoparden schlägt meist zwei grundsätzlich verschiedene Wege ein. Biologische Daten können einerseits durch Beobachten mit unbewaffneten Augen, mit Fernglas oder mit einem Nachtsichtgerät erfolgen. Auch die Auswertung von Fotos, Filmen oder Videoaufzeichnungen ist möglich und oft sehr hilfreich.

Dieser direkten Beobachtung steht die indirekte Gewinnung von Kenntnissen gegenüber. Manche Forscher – z.B. Bailey 1993 – haben in großem Stil von der Radiotelemetrie Gebrauch gemacht. Bailey markierte 24 Leoparden mit Radiohalsbändern und verfolgte viele ihrer Aktivitäten, meistens ohne Sichtkontakt zu ihnen. Auch Hamilton 1976, Seidensticker 1977 und Sunquist 1983 bedienten sich dieser Methode. Letzterer hat über hundertmal die Leoparden seiner Studie mit eigenen Augen gesehen und über 2.500mal ihren Standort oder ihre Ortsveränderungen mit Hilfe des Radiosenders verfolgt.

Diese Methode, mit einem Funkhalsband versehene Leoparden zu beobachten und daraus Schlüsse zu ziehen, hat gewisse Grenzen. Es beginnt schon mit dem Fang der Tiere in Fallen. Bailey 1992 fing 79 % seiner Leoparden in der Trockenzeit und 21 % in der Regenzeit. Die Ergebnisse seiner gesamten Beobachtungen jedoch bezogen sich nicht auf die Plätze, an denen man Leoparden am besten fangen konnte, sondern auf ein größeres Gebiet. Es könnten also auch Leoparden gefangen worden sein, deren Daten gar nicht typisch für das gesamte Untersuchungsgebiet sind. Sodann liefert der Fallenfang und damit die auf markierte Tiere beschränkte Suche noch keinen repräsentativen Querschnitt durch die örtliche Leopardenpopulation. Männliche Leoparden gehen etwa doppelt so häufig in Fallen wie weibliche. Auch beim erneuten Fang desselben Individuums überwiegen die männlichen Tiere über die weiblichen mit mehr als dem Doppelten. Leopardinnen mit Jungen sind überhaupt nicht gefangen worden. Dem entspricht auch der wirklich geringe Anteil von Aussagen mit Jungen in Baileys Buch. Nur ein kleiner Prozentsatz aller Versuche, die radiomarkierten Leoparden zu Fuß anzuschleichen, war erfolgreich. Bei männlichen Leoparden gelang es rund dreimal häufiger als bei Leopardinnen. Beim Anschleichen zu Fuß flohen die Leoparden auf 80 m Entfernung vom Besucher, während sie Touristenfahrzeuge auf 10 bis 30 m herankommen ließen. Es sagt etwas über die Dauer der Beobachtung einzelner Tiere aus, wenn man erfährt, daß die Halsbandradiosender 4,9 bis 11,7 Monate funktionstüchtig blieben. Unklar bleibt auch, ob die Narkose beim Anlegen des Halsbandes und das ständige Tragen eines immerhin bis zu 680 g schweren Halsbandes die Leoparden behinderte und damit ihre Verhaltensweisen veränderten.

Dies soll gewiß keine Kritik an den hervorragenden wissenschaftlichen Arbeiten Baileys und der anderen Wissenschaftler, die mit Radiohalsbändern arbeiten, sein. Vielmehr möchten wir nur unterstreichen, daß die Aussagekraft solcher Untersuchungen nicht verglichen werden kann mit der direkten optischen Beobachtung. Zweifelsfrei haftet demgegenüber dieser letzteren Methode natürlich an, daß scheue Leoparden überhaupt nicht zur Beobachtung kommen, an den Menschen gewöhnte dagegen häufiger. Auch das verzerrt selbstverständlich das Bild, das man sich von Leoparden machen kann. So wird sich die zukünftige Erforschung der vielen noch nicht ganz genau oder noch gar nicht bekannter Einzelheiten aus dem Leben des Leoparden nebeneinander verschiedener Methoden bedienen müssen. Damit verbunden ist die Mahnung, bei der Deutung von Langzeitstudien und bei Einzelbeobachtungen jede Verallgemeinerung geradezu pedantisch zu vermeiden. Diese Erkenntnis, die natürlich für alle Deutungen wissenschaftlicher Ergebnisse gilt, bedarf bei Leoparden als Opportunisten mit einem so ungewöhnlichen Anpassungsvermögen an alle Umstände ihres Lebensraumes einer besonderen Betonung. Eine andere Beobachtungsmöglichkeit besteht im direkten Verfolgen und Deuten der markanten Spuren des Leoparden. Die Methode, auf diese Weise das Verhalten scheuer oder nächtlich lebender Tiere zu studieren, wird von Teer 1982 gewürdigt. Für Leoparden wird das Verfolgen ihrer Spuren und ihrer Beutetiere in der Kalahari von Du Bothma und Le Riche 1984, 1989 und 1993 angewandt. Als Hinweise dienen im allgemeinen nicht nur Fußabdrücke, Kratzspuren auf dem Boden oder in Baumrinde, sondern auch abgesetzter Kot, Leopardenhaare, Beutereste am Boden oder in Bäumen aufgehängte Beute. Es gibt auch Forscher, die den Geruch von Leoparden kennen und ihn an typischen Markierungsstellen selbst riechen können, z.B. Bailey 1993. Um über Aktivitäten wie Begegnungen mit anderen Tieren, Feinden oder Jagdbeute und insbesondere über die Aktionsabläufe beim Zusammentreffen mit solchen Tieren etwas auszusagen, muß man auch deren Spuren sehr gut kennen. Über solche Spuren berichtet zusammenfassend das nützliche Buch von Walker (1986). Freilich läßt sich diese Methode in dichtem trockenem Buschland oder auf steinigen Geröllböden nicht sehr erfolgreich anwenden. Auf feuchten Böden, auch in der Nähe von Tränken, lassen sich oft sehr spezielle Einzelheiten aus den Spuren herauslesen. Die Befürchtung, das zu Fuß durchgeführte Suchen und Deuten der Spuren, könne die Leoparden in solchen Gebieten beeinflussen, konnten Du Bothma und Le Riche 1993 ausräumen. Auch auf Sand- und Schotterpisten, die von Reifenspuren bedeckt sind, kann man gerade über diesen Fahrzeugeindrücken oft gut Spuren von Leoparden erkennen. Wir haben 1979 einmal auf einer Piste im Selous Reservat über 2,5 Kilometer die Spur eines Leoparden verfolgen können. Nicht selten verließ das Tier den Fahrweg in Richtung auf einen Baum, um dann 20 Meter weiter in der alten Richtung erneut die Straße für den Weitermarsch zu betreten. Manche Bäume trugen ältere Kratzspuren, gelegentlich auch frische. So erfuhren wir jedenfalls etwas über die Mindestlänge eines Marsches und ein wenig über die geruchliche Verständigung.

Über Bevorzugung von Beutetieren sind die Angaben in der Literatur oft schwer zu beur-

Zwei alte, auf dem Baum gesicherte Beutetiere

Krokodil aus dem Okavango als seltene Leopardenbeute im Baum

teilen. Es ist nämlich keineswegs immer ersichtlich, wenn es nicht direkt beobachtet wurde, ob ein Leopard ein Beutetier schlug oder sich aneignete. Er kann es auch einem anderen Raubtier abgenommen haben oder nach dem spontanen Tod des Beutetieres gefunden haben. Selbst wenn nur aus den in Bäumen aufgehängten Beutetieren Schlüsse gezogen werden sollen, läßt sich nicht erkennen, ob der Leopard dies Tier selbst erbeutet hat. Allerdings sind Zweifel daran, ob er es auch auf den Baum geschleppt hat, weniger angebracht. Denn welches andere Raubtier tut das sonst? Wir selbst haben 1982 in Botswana ein ewa 150 cm langes Krokodil in einer Astgabel eines Baumes gesehen. Da zugleich viele Leopardenspuren am Stamm und in der Nähe gefunden wurden, hatten wir keine Zweifel, daß ein Leopard das Reptil hochgeschleppt hatte. Aber ob das Krokodil vom Leoparden getötet wurde oder auf andere Art und Weise umgekommen war, ließ sich daraus nicht schließen. Immerhin konnte die Echse auch von einem Löwen geschlagen worden sein oder vielleicht an einer Krankheit oder einem Unfall verendet sein.

Kothaufen eines Leoparden

Eine andere indirekte Methode, beispielsweise etwas über die Beutepräferenzen des Leoparden zu erfahren, ist die Untersuchung des Kotes. Anhand von Haaren, Knochenresten, Zähnen, Hufen, Zehennägeln, Federn und anderen Bestandteilen läßt sich analysieren, was ein Leopard gefressen hat. Über die Methode solcher Kotanalysen, die sich makroskopischer und mikroskopischer Untersuchungen bedient, berichten Grobler und Wilson 1972, Perrin und Campbell 1980 sowie Keogh 1983. Immer bleiben bei solchen Untersuchungen des Kotes eine Reihe unbekannter Bestandteile übrig, die sich nicht sicher einer Tierart zuordnen lassen. Viele Beutetiere, wie etwa Schnecken, hinterlassen keine identifizierbaren Nahrungsreste. Auch das Verspeisen von Früchten läßt sich aus dem Kot keineswegs immer nachweisen. Es mag daher durchaus möglich sein, daß – wie einige Autoren behaupten – auch Früchte auf dem Speisezettel des Leoparden stehen. Ob Kratzspuren an der Rinde von Bäumen immer auf Leoparden zurückzuführen sein müssen, bleibt zweifelhaft, denn auch Löwen pflegen nicht selten im Zuge ihres Komfortverhaltens an den Bäumen die Rinde anzukratzen.

Wirklich verläßlich ist in jedem Fall die optische Beobachtung eines Leoparden. Besonders günstig ist natürlich die Dokumentation im Foto, auf Videoband oder im Film. Allerdings hindern oft dichte Vegetation, Felsbrocken oder andere Sichthindernisse deren Anfertigung. Insbesondere in der Nacht und in lichtarmer Dämmerung sind solche dokumentierenden Methoden nicht möglich. Andererseits wird fotografischen Bildern, Film- und Videosequenzen immer ein besonderer Stellenwert zugemessen, solche Dokumentationen gelten geradezu als Beweisstück. Dadurch kommt es oft zur Schieflage in mancher Bewertung. Wir selbst haben sehr viele recht unterschiedliche Aktionen von Leoparden beobachtet, ohne sie fotografisch oder auf Videoband oder Film festhalten zu können. Eine derartige gewisse Einseitigkeit ist vor allem bei der Sammlung von Ergebnissen über Verhaltensweisen für alle nachtaktiven Tiere zu erwarten. Auch mondhelle Nächte, bei denen beobachtet und vielleicht sogar fotografiert werden kann, sind ja nicht unbedingt repräsentativ für das gesamte Verhalten bei Nacht. Was ein Leopard in sehr dichtem Buschgelände bei Neumond anstellt, läßt sich nicht beobachten. Es mag – wie es von Orsdol 1981 und 1982 bei Löwen gefunden hat – in Neumondnächten völlig anders sein als in Vollmondnächten. Denn auch Beutetiere verhalten sich je nach Dunkelheit oder Mondhelle einer Nacht durchaus unterschiedlich.

Bei Gewitter, starken, rauschenden Regenfällen oder brausenden Winden lassen sich nicht einmal akustische Spuren tierischen Verhaltens verwerten. Zweifellos ist bei Gewitter das Jagdverhalten und das Verhalten der gejagten Beutetiere sehr unterschiedlich. Kruuk 1972 b stellte in Gewitternächten ein sogenanntes Surpluskilling fest, es wurde also mehr Beute geschlagen als ‚normal' und vor allem mehr, als verzehrt werden kann. Beutetiere verhalten sich bei Gewitter anders. Auch Bailey 1993 berichtet über Impalas, die in schwerem Regen starben oder so geschwächt wurden, daß sie eine leichtere Beute des Leoparden wurden als bei trockenem Wetter. Der Einfluß von Normaltouristen auf Safari ist bei Leoparden eher gering. Entweder duldet ein Leopard Fahrzeuge in seiner Nähe oder er flieht vor ihnen. Ob sich darin Touristen, ernsthafte Beobachter oder Forscher befinden, unterscheidet der Leopard nicht, obwohl allzu lautes und umtriebiges Verhalten der Touristen die Beobachtungen verfälschen kann, weil es die Flucht des Leoparden – oder seiner Beute auslösen kann.

Insgesamt gibt es viele Fragen, die bei der Auswertung von beobachtetem Verhalten berücksichtigt werden müssen. Am meisten führen Einzelbeobachtungen in die Irre, besonders, wenn noch dazu ungewöhnliche äußere Umstände vorliegen.

Schlaglichtartige Zufallsbegegnungen oder -beobachtungen dürfen deshalb nicht verallgemeinert werden, so wichtig ihre Kenntnis als Mosaikstein im Gesamtbild des Leoparden auch ist.

Raumordnung, Territorialität und Markierverhalten der Leoparden

Leoparden sind typische Einzelgänger, die auch den ihnen zur Verfügung stehenden Raum in bestimmter Weise nutzen. Zumindest im deutschsprachigen Schrifttum werden die Begriffe Revier – Territorium – Wohngebiet – Streifgebiet – Lebensraum – und manchmal sogar Verbreitungsgebiet von manchen Autoren sehr unscharf gehandhabt. Besonders unqualifiziert werden oft wissenschaftliche Begriffe wie Biotop, Habitat, Areal von Laien angewandt. Deshalb wollen wir hier – so weit es für das Verständnis des Leoparden wichtig ist – kurz definieren, was wir unter den einzelnen Kategorien der Raumordnung verstehen (Tab. 3).

Als Verbreitungsgebiet bezeichnen wir jene Region, in der die Art überhaupt vorkommt. Es kann sich dabei um einzelne Staaten wie z.B. Botswana, Tansania oder Uganda oder um geografische Großräume wie das Kalaharibecken oder die ostafrikanische Nyika handeln. Unter Biotop verstehen wir Lebensräume wie etwa Trockenflüsse, Sümpfe, die Zonierung der hohen Berge in Bergwald-, Bambus- oder Baumheidezone bis hin zum Gletscher, die von Tieren und Pflanzen besiedelt werden, die dort jeweils geeignete Lebensbedingungen vorfinden. Habitate sind jene Bezirke eines Biotops, die tatsächlich von den Arten benutzt werden. Sie sind als Eigenbezirke der Populationen, Gruppen oder der Einzeltiere, die dort ihre Streifgebiete oder Territorien haben, sehr oft individuell aufgeteilt.

Mit Harn markierte Vegetation wird von jedem Leoparden eingehend beschnüffelt

Ein heller Leopard in der Kalahari markiert ausgiebig einen der wenigen dort wachsenden Bäume

Der begrenzte Raum, in dem ein Leopard tatsächlich lebt und dessen Grenzen er nie über-schreitet, bezeichnen wir als Streifgebiet, wie Leyhausen 1965 das vorgeschlagen hat. Es ist identisch mit dem auch im Deutschen zunehmend häufiger benutzten englischen Begriff ,home range'. Weite Synonyme sind ,Heimatgebiet' (Klingel 1967), ,Aufenthaltsgebiet' (Walther 1968),,Wohnraum' (Hediger 1961, Kurt 1968, Leuthold 1971),,Aktionsraum' (Eibl-Eibesfeld 1974). Innerhalb dieses Streifgebietes errichten Leoparden Territorien, die von einigen Autoren auch Reviere genannt werden. Der Begriff Revier wurde ursprünglich nur in der Ornithologie benutzt und bereits 1868 von Altum eingeführt. Während er sich bei Vögeln bisher gehalten hat, wird bei anderen Tieren, insbesondere Säugern, inzwischen auch häufig das Wort Territorium benutzt. Im englischen Schrifttum gibt es nur die Be-zeichnung ,territory'. Wir bevorzugen den Begriff ,Territorium' auch deshalb, weil durch die adjektivische Abwandlung ,territorial' der Sprachgebrauch erleichtert wird. Für ein Territo-rium gibt es viele recht unterschiedliche Definitionen. Gemeinsam ist allen, daß es mar-kiert und gegen gleichgeschlechtliche Artgenossen unter Drohverhalten und notfalls im territorialen Kampfverhalten verteidigt wird, wie es Noble schon 1939 knapp und richtig darstellte. Territorien können von einzelnen männlichen Leoparden verteidigt oder ange-griffen werden. Das geschieht durch mimische Drohung mit Fauchen oder durch Kämpfe. Männliche Leoparden errichten Fortpflanzungsterritorien und markieren diese ganz über-wiegend geruchlich (Ansell 1960, Wemmer and Scow 1977, Du Bothma and Le Riche 1984). Ein Territoriumsinhaber kann sich das Privileg des Zugangs zu Sexualpartnern, aber auch zu Nahrungsquellen, Wasserstellen, Schattenplätzen und Deckungsmöglichkeiten sichern. Einem Eindringling in ein besetztes Territorium geben die Geruchsmarken den Hinweis auf sofort bereite Kampffähigkeit und Kampfeswillen des Territoriumsbesitzers, wobei dieser wahrscheinlich durch seinen ‚Heimvorteil' die Oberhand behält (Maynard Smith and Parker 1976). Das trifft besonders für Leoparden zu, die jeder Begegnung mit gleichgeschlechtlichen Artgenossen aus dem Wege gehen, wann immer das möglich ist.

Auch Streifgebiete werden manchmal – aber dann weniger intensiv – markiert, jedoch nie verteidigt. Wahrscheinlich fallen bei Leopardinnen Streifgebiet und Territorium zusammen. Den Weibchen geht es aber nicht um die Sicherung sexueller Alleinansprüche, sondern um Nutzung aller Nahrung, um Bäume, Tränke und schützende Lokalitäten für die möglichst ‚problemlose' Jungenaufzucht. In erster Linie markieren Leoparden geruchlich, aber auch akustisch durch Lautäußerungen. In geringem Ausmaß wird auch optisch durch Kratzspuren am Baum oder am Boden markiert.

Die Markierung hat einerseits die Funktion Artgenossen fernzuhalten (Hediger 1949) und andere Tiere über die Anwesenheit des Territoriumsinhabers zu informieren. Andererseits dient sie aber auch der Strukturierung des Streifgebietes. Geruchliches Markieren erleichtert dort das Zurechtfinden. Besonders deutlich haben wir das im Masai Mara Nationalreservat beobachtet. Hier waren in weiten Teilen des Streifgebietes der Leopardenmutter (siehe Anhang II und Pölking 1995), vor allen Dingen in seinem Kerngebiet, Gras- und Buschbrände gelegt worden. Dadurch hatte sich die Gegend über Nacht optisch sehr stark verändert und bislang typische Landmarken waren verschwunden oder völlig anders gefärbt.

Insbesondere in den ersten Tagen nach dem Brand beobachteten wir die drei Leoparden – Mutter und zwei Kinder – besonders häufig dabei, an ihren uns von früher bekannten typischen Markierstellen zu schnüffeln und erneut zu markieren. Vor dem Brennen kam das deutlich seltener vor. Auf der schwarz gebrannten Erde mit den verkohlten Bäumen und Büschen konnten so geruchliche Wegweiser – vor allem wenn sie nach dem Brand neu übermarkiert wurden – die Orientierung erleichtern, während eine optische Orientierung schwerer fiel.

Die Streifgebiete der Weibchen überlappen sich gegenseitig bei Leopardinnen häufig weiträumig, bei männlichen Leoparden nur in den Gebieten aneinanderstoßender Grenzen (Mizutani 1983, Hinde 1992, Bailey 1993). Das mag damit zusammenhängen, daß männliche Leoparden weit größere Streifgebiete bewohnen und daher seltener mit gleichgeschlechtlichen Nachbarn zusammentreffen können. Auch die innerhalb der riesigen Streifgebiete markierten Territorien der männlichen Leoparden sind größer als die der Weibchen. Sehr oft umfaßt das markierte und gegen gleichgeschlechtliche Artgenossen verteidigte Territorium eines männlichen Leoparden mehrere Streifgebiete weiblicher Artgenossen. Diese werden auch von den weiblichen Tieren gegen andere Leopardinnen, insbesondere gegen die Nachbarn verteidigt. Guggisberg (1966-68), der Leoparden große Standorttreue und Festhalten an markierten Territorien bescheinigt, sah nie einen „territorialen Zusammenstoß benachbarter Tiere". Insgesamt sind die Grenzmarkierungen bei Territorien wesentlich intensiver als bei Streifgebieten. Der erwähnte fortpflanzungsbiologische Aspekt der Territorien ‚garantiert' einem männlichen Leoparden den sexuellen Zugang zu mehreren Weibchen.

Ausdrucksverhalten

Mimik, Körperhaltung und Körperbewegungen haben für die Kommunikation unter Tieren einen besonderen Stellenwert, wie W. und H. Hagen 1991 zusammenfassend darstellten. Vor allem sozial lebende Tiere verständigen sich sehr häufig durch vielfältige Gesichtsausdrücke. Auch der Leopard verfügt über ein großes und facettenreiches Repertoire unterschiedlichster mimischer Signale. In dieser Hinsicht ähnelt er sehr der anderen afrikanischen Großkatze, dem Löwen. Nun sind Löwen ausgesprochen soziale Tiere, die so eng beieinander leben, daß sie im Interesse ihres Sozialverhaltens eine Fülle von Informationen aus dem Gesicht ihrer Artgenossen entnehmen können. Leoparden dagegen leben so ausgesprochen solitär, daß sie untereinander weit mehr über den geruchlichen Sinneskanal kommunizieren, als über den optischen. Sie setzen als erwachsene Tiere alles daran, allen Artgenossen aus dem Weg zu gehen, es sei denn, sie suchen einen Sexualpartner. Zwar hat die Mimik der Großkatzen einige gattungstypische Details, jedoch ist sie in groben Zügen der gesamten Familie der Katzen eigen, offenbar also stammesgesichtlich so alt, daß die Mimik der verschiedenen Gattungen auf gleiche Wurzeln zurückzuführen ist. Die nicht sozial lebenden Katzen – das sind bei weitem die meisten – haben im Interesse ihres Soziallebens eigentlich gar keinen ‚Bedarf‘, sich miteinander mimisch zu verständigen. Vielmehr brauchen sie das mimische Ausdrucksvermögen in ganz anderen Zusammenhängen. Als K-Strategin versorgt die Leopardenmutter ihren Nachwuchs sehr lange, durchschnittlich eineinhalb bis zwei Jahre. In dieser Zeit muß sich zwischen Mutter und Kind ein sehr großer Teil der Kommunikation auf optischem Wege abspielen. Allein für diese wichtige Phase

,lohnt' sich, daß eine perfekte Kommunikation durch Mimik, Körperhaltungen und -bewegungen zur Verfügung steht. Eine verständliche Zusammenstellung von K- und r-Strategie findet sich bei Hagen und Hagen 1993. Darüberhinaus ist die Mimik weit über die Grenzen der eigenen Art für viele Tiere ganz anderer Ordnungen ausgezeichnet ,verständlich'. Alle Primaten, also auch wir Menschen, vermögen etwa die Drohmimik des Leoparden in ihrer ganzen Aussagekraft zu ,verstehen'. Wie bei allen Raubtieren spielen in der Mimik die Haltung der Ohren und vor allem des Maules mit Lippen-, Mundwinkel- und Zähnezeigen eine große Rolle. Obwohl der Leopard an sich farblich schon sehr auffällig ist, springen die kontrastierenden Farben der schwarzen Lippen, der weißen Zähne und des roten Rachens besonders ins Auge. Wie bei den Löwen, über die Hagen und Hagen 1992 ausführlich berichteten, lassen sich grundsätzlich aggressive von nicht aggressiven mimischen Ausdrucksweisen unterscheiden.

Auch beim Dösen ist dieser Leopard noch aufmerksam

Ruhe und Aufmerksamkeitsgesicht

Im Schlaf wirkt das Gesicht entspannt, die Ohren sind in Mittelstellung, die Lippen sind fast immer geschlossen. In der Kalahari haben wir allerdings 1986 einen Leoparden unter einem Busch entdeckt, der im Schlaf stark hechelte und dabei die Lippen geöffnet hatte. Es war dort zur Mittagszeit sehr heiß. Ein Zufriedenheitsgesicht kann man oft in entsprechenden Situationen sehen. Es ähnelt dem entspannten Ruhegesicht, zeigt unmittelbar nach Abschluß der jeweiligen Handlung zunächst noch Züge einer Aufmerksamkeit mit zielgerichteten, aufmerksamen Augen und nach vorn gestellten Ohren. Dieser Gesichtsausdruck geht dann in ein Ruhegesicht oder in ein solches, das für die neue Situation typisch ist, über.

Bei leisestem Verdacht auf Störung oder Beuteannäherung ist der Leopard hellwach

Das kann z.B. ein Aufmerksamkeitsgesicht sein, wenn Gefahr oder mögliche Beute in Sicht sind. Beim Aufmerksamkeitsgesicht ist die Blickrichtung streng auf ein Ziel gerichtet, auf das sich auch die aufgestellten Ohren einstellen. Bei bewegten Objekten, die Aufmerksamkeit erfordern, gibt es bei Leoparden zwei Möglichkeiten, darauf zu reagieren. Ist ein bewegtes Ziel in weiter Entfernung, wird der Kopf in die betreffende Richtung bewegt. Ist das Ziel näher, verfolgen die Leoparden es bei still gehaltenem Kopf nur mit Augenbewegungen. Das hängt damit zusammen, daß die Augen des Leoparden nach vorn gerichtet sind und einen weiten Überschneidungswinkel besitzen, der das räumliche Sehen ermöglicht. Beim Sehen in die Ferne verlaufen die Sehachsen parallel, bei nahen Objekten wird die Sehachse eines jeden allein auf das Ziel gerichtet. Leoparden machen gern davon Gebrauch, die Sehachsen auf das fokussierte Ziel zu richten, ohne den Kopf bewegen zu müssen. Nur wenn die Entfernung so groß ist, daß die Sehachsen nahezu parallel verlaufen, muß bei Verfolgung eines bewegten Objektes der Kopf bewegt werden.

Flehmgesicht

Als ‚Flehmen' beschrieb zunächst auf Grund von Beobachtungen im Zoologischen Garten der Zoodirektor Schneider 1930 bis 1933 einen besonderen Gesichtsausdruck bei Huftieren und Katzen. ‚Flehmen', ein deutscher Ausdruck, der im übrigen auch in der fremdsprachigen Literatur benutzt wird, ist ein Grimassieren, das durch bestimmte Gerüche hervorgerufen wird. Meist wird Flehmen von männlichen Tieren ausgeführt, die am Urin weiblicher Artgenossen riechen. Sie prüfen diesen Harn mit dem Jacobsonschen Organ, einem besonderen Testorgan am oberen Gaumen, und können so den sexuellen Zustand des betreffenden Weibchens feststellen. Es soll nicht verschwiegen werden, daß gelegentlich auch weibliche Tiere flehmen und daß Tiere sogar an ihrem eigenen Urin riechen und dabei flehmen. Im übrigen muß es nicht immer nur Harngeruch sein, der Flehmen erzeugt.

Bei Katzen, unter anderem auch bei Leoparden, hat das die Forscherin Verbene 1970 untersucht. Danach zieht der Leopard die Mundwinkel weit zurück, bleckt die Zähne, ohne die Kiefer auseinanderzunehmen und legt die Gesichtshaut über seiner Nase in z.T. rechtwinklig über der Nasenwurzel abknickende Falten. Dabei wird zugleich der Kopf ein wenig erhoben. Leoparden pflegen oft im Anschluß an das Flehmen die Lippen zu belecken. Natürlich steht dieses Verhalten in engem Zusammenhang mit dem Harnspritzen paarungsbereiter Weibchen. Diese bringen an allen möglichen Felsen, Büschen und Markierungsstellen ihre Duftmarken an, der männliche Leopard riecht dann daran und flehmt. Dadurch erfährt das Männchen, wie hoch das betreffende Weibchen im Östrus steht. Er weiß dann, wann er zur Stelle sein muß, um sie begatten zu können. Durch diese geruchliche Abstimmung kann ein Leopardenpaar sein Zusammensein auf ein Minimum beschränken. Käme der männliche Leopard zu früh zum Weibchen, würde es ihn abwehren. Ist dagegen die sehr kurze Brunstzeit des Weibchens bereits vorbei, würde der männliche Leopard ebenfalls auf heftigen Widerstand des Weibchens stoßen. Eine Begattung käme nicht zustande.

Dieser merkwürdige Gesichtsausdruck hat bei der sonst ausdrucksvollen Mimik des Leoparden keine Signalfunktion. Wahrscheinlich kommt dieses Gesicht nur zustande, um die Reizung des Jacobsonschen Organs zu erleichtern.

Flehmgesicht nach Geruchskontrolle der Harnmarken einer fremden Leopardin

Aggressives Drohgesicht

Drohgesicht

Wie bei alllen Katzenartigen spielt in der facettenreichen Mimik das Drohen eine große Rolle. Leoparden müssen das in sehr abgestufter Form beherrschen. Als mildes Signal an andere hat es nur die Funktion, Unwillen auszudrücken, mit einem anderen Leoparden zusammenzutreffen. In seiner stärksten Form begleitet das Drohgesicht den ernstgemeinten Angriff. Zwischen diesen Extremen gibt es viele Zwischenstufen. Während man bei Afrikas anderer Großkatze, dem Löwen, ein defensives Drohgesicht von einem offensiven gut unterscheiden kann, ist das bei Leoparden nicht möglich. Nun sind Leoparden insgesamt auch sehr defensive Katzen. Von sich aus gehen Leoparden nur aggressiv vor, wenn sie in die Enge getrieben sind, etwa von einem Jäger angeschossen wurden. Sonst ‚brauchen' Leoparden gar kein aggressives Drohen. Denn sie verbergen sich vor allem, was sie eigentlich androhen müßten. Das gilt selbst für Auseinandersetzungen mit Artgenossen, die zu Kämpfen führen können, was aber äußerst selten vorkommt. Auch dann fühlt sich jeder der erregten Gegner mehr in der Defensive als in der Offensive. In der Vermeidung von kämpferischen Auseinandersetzungen folgen Leoparden dem Sinn des Suaheli-Sprichwortes: Hasiri ni hasara. Das bedeutet: Wer Streit anfängt, bereitet sich selbst Leid.

In der Drohmimik sind die zurückgelegten Ohren und die nach hinten gezogenen Mundwinkel typisch. Zugleich erscheinen auf dem Nasenrücken einige Falten. Vor allem auf der Nasenwurzel und zwischen den Augen entstehen waagerechte Falten. Erst wenn die Ohren weiter angelegt und die Mundwinkel mehr zurückgezogen werden, beginnt das Blekken der Zähne. Mit zunehmender Stärke des Drohens kommen Schnappbewegungen und die Drohung wird durch einen Prankenschlag in die Luft deutlicher gemacht. Dabei erfolgen diese Schläge immer von oben nach unten (s.S. 77). Die Augen kneift der Leopard beim Drohen ein wenig zu. Wenn man einem drohenden Leoparden nahe genug kommt, sieht man, daß sich zugleich seine Pupillen vergrößern.

Ruhe- und Schlafverhalten

Im allgemeinen schenkt der Mensch dem Ruhe- und Schlafverhalten von Tieren wenig Beachtung. Daß diese Verhaltensweisen dennoch viel interessante Einzelheiten bieten können, hat Haßenberg 1965 zusammengestellt.

Leoparden verbringen einen sehr großen Teil ihrer Zeit mit Ruhen, Dösen oder Schlafen. Man kann die Dauer dieser unterschiedlichen Ruhephasen schlecht zeitlich voneinander abgrenzen. In manchen Gebieten – wie etwa in der Kalahari – müssen Leoparden täglich große Strecken zurücklegen, um Beute zu machen. Die Zeit dafür geht ihnen natürlich beim Schlafen und Ruhen ab.

Bei seiner wirklich sehr beweglichen Wirbelsäule und den großen Freiheitsgraden für die Bewegungen in seinen Gelenken kann der Leopard – wie alle Katzen – außerordentlich viele verschiedene Ruhelagen einnehmen. Bei der Streck-Seitenlage werden die Beine weit vom Körper gestreckt. Der Kopf liegt fast immer auf der Seite und wird nur kurzfristig erhoben. Das ist beim Geparden anders, er kann in gestreckter Seitenlage den Kopf lange erhoben halten und nach allen Seiten drehen. Häufiger liegen Leoparden in der sogenannten eingerollten Seitenlage. Dabei zeigen auch alle Beine nach einer Körperseite, werden jedoch nahe am Körper gehalten. Hierbei kann der Kopf dauerhaft erhoben bleiben und der Leopard kann sich einen guten Rundumblick verschaffen. In dieser Position pflegen Leoparden häufig zu dösen. Zum Schlafen wird der Kopf dann gesenkt, oft auf eine Pranke gelegt und gelegentlich aber auch auf Steine, Grasbüschel und andere Unterlagen. Der

Aufmerksames Ruhegesicht

Entspanntes Ruhegesicht

Schwanz ist bei gestreckter Seitenlage weit vom Körper entfernt, bei eingerollter Bauchlage wird er gekrümmt gehalten, so daß seine Spitze in der Nähe des Kopfes oder Vorderkörpers liegt. Die Bauch-Seitenlage ist ein Mittelding zwischen Bauchlage, bei der alle Beine unter dem Körper sich befinden und der Seitenlage, bei der alle Beine zur gleichen Seite gerichtet sind. Bei Bauch-Seitenlage sind die Hinterbeine seitwärts abgestreckt, die Vorderbeine nach vorn, oft ruht auf ihnen der Kopf. Ganz besonders häufig findet man Leoparden auf Bäumen in der so bezeichneten Reitlage. In der klassischen Reitlage ruht der Leopard auf Brust und Bauch, während die Beine beiderseits herunterbaumeln. Aber auch hierbei sind allerlei Variationen möglich: Auf dicken Ästen hängen manchmal nur die Hinterbeine herunter, während die Vorderbeine auf dem Ast nebeneinander gehalten werden, auch das Umgekehrte ist möglich. Gar nicht allzu selten nehmen Leoparden auch eine Brückenlage ein, indem sie mit dem Vorderkörper auf einem anderen Ast ruhen als mit dem Hinterkörper. Manchmal setzen sich Leoparden auch mit fast senkrecht gehaltenem Körper auf einen Ast und stützen Vorderbeine, Hals und Kopf gegen den Stamm des Baumes ab. Während all dieser genannten Stellungen kann der Leopard ruhen, dann ist seine Aufmerksamkeit nur ein wenig eingeschränkt, er reagiert auf nahe und ferne Reize meist ganz unverzüglich. Er kann aber auch dösen. Dann ist das Bewußtsein nicht so wach und es bedarf stärkerer Reize, um das Tier aufmerksam zu machen. Schließlich kann der Leopard in all diesen Haltungen schlafen, oft sogar recht tief, so daß er die Annäherung anderer Tiere gar nicht bemerkt. Das haben wir bei Pavianen, Tüpfelhyänen und auch einmal bei Warzenschweinen erlebt, die sich auf Berührungsentfernung ihm nähern konnten.

In sitzender Position können Leoparden kurzfristig ruhen, aber nicht dösen oder schlafen.

Rastlage auf einem dicken Ast

Typische Brückenlage mit Vorder- und Hinterkörper auf verschiedenen Ästen

Fortbewegung

Als normale Fortbewegung muß der Schritt im typischen Kreuzgang angesehen werden. Bei dieser Gangart werden die einander diagonal gegenüberliegenden Beine gleichzeitig angehoben und wieder aufgesetzt. Im Schritt können Leoparden große Strecken zurücklegen. Dieser ist dann meist raumgreifender, als wenn Leoparden nur in der Nähe ihres Ruhebaumes oder in der Umgebung ihrer Verstecke umherwandern.

Schneller ist der Trab, mit dem Leoparden kurze Strecken, z.B. von einer Deckung zur anderen, zurücklegen. Sie benutzen diese schnelle Gangart manchmal auch, wenn sie vor einer noch entfernten Gefahr sich in ein sicheres Versteck zurückziehen wollen.

Bei der Anschleichjagd kann es vorkommen, daß die ersten 10 bis 30 Meter im Trab zurückgelegt werden, wobei der Körper sich zunehmend mehr duckt. Man spricht dann vom Schleichlaufen. Auf der Jagd wird dieser Schleichlauf dann durch das Schleichkriechen abgelöst, bei dem der Bauch schon fast auf dem Boden ist und ein ganz langsamer Schritt eingehalten wird, der in jeder Phase gewissermaßen ‚einfrieren' kann. Das geschieht vor allem, wenn angeschlichene Beutetiere aufmerksam werden. Das Erstarren dauert dann so lange, bis die Wachsamkeit der Beute nachläßt.

Der Galopp, die schnellste Gangart, bei der Leoparden mehr als 60 Stundenkilometer erreichen können, ist bei erwachsenen Leoparden selten zu beobachten. Er kommt vor allem

Galoppsprünge im Spiel

eigentlich immer in der Endphase einer Jagd vor. Für die letzten Meter nach dem Anschleichen oder aus dem Ansitz heraus benutzt der Leopard raumgreifende Galoppsprünge, bei denen er sich meist mit beiden Hinterbeinen zugleich abdrückt. Im Galopp können Leoparden nur kurze Strecken überwinden. Diese offenbar sehr kraftraubende Gangart setzt eine große Herzleistung voraus, zu der die Großkatze nur kurze Zeit fähig ist.

Eine besondere Fortbewegungsart ist das Erklettern von Bäumen und das Umherklettern auf Ästen verschiedenster Dicke innerhalb der Baumkrone. Man staunt, wie Leoparden es fertig bringen, auf den dünnen Ästen einer Baumkrone zu stehen und dabei trotz erheblichen Schwankens nicht das Gleichgewicht zu verlieren. Es wundert einen, daß die dichtstehenden und oft viele Zentimeter langen Dornen mancher Ruhebäume sie ebenso wenig verletzen wie kurze, scharfe, gebogene Stacheln mancher anderer Zweige.

In der Ebene werden bei allen Gangarten die Krallen nicht vorgestreckt. Beim Erklettern des Baumes dagegen sind sie voll ausgefahren und fixieren den schweren Leopardenkörper selbst an einem glatten, senkrechten, dicken Stamm, indem sie tief in die Rinde eindringen. Ein steiler Baum wird in Sprüngen bezwungen. Die Hinterbeine geben den Hauptschwung, die Vorderbeine werden meist gleichzeitig vom Stamm gelöst. Sie greifen weit nach vorn und lassen den Leoparden gewissermaßen an den Krallen der Vorderpranken hängen. Dann werden die Hinterpranken bereits wieder unter dem Körper in den Baumstamm verhakt, damit der Leopard möglichst sofort weiterspringen kann. Die Vorderbeine werden weit gespreizt und können dicke Stämme so geradezu umarmen. Häufig macht der Leopard gerade vom Boden aus einen besonders großen Sprung nach oben, der schon den Schwung für die weiteren Sprünge liefert. Nur wenn sich irgendwo am Stamm ein Halt zum Sitzen oder Unterstützen des Körpers bietet, wird das Aufwärtsklettern dort unterbrochen. Von einem solchen Zwischenstop springt der Leopard erneut mit großem Anfangsschwung weiter nach oben.

Wir haben 1974 in der Serengeti einen Leoparden einen zwölf Meter hohen, völlig glatten Stamm in einem Zuge hinaufeilen sehen, dabei folgte Sprung auf Sprung. Wenn irgendwo eine Astgabel oder eine Krümmung des Stammes erreicht ist, die kurzes Verweilen gestatten, nutzt der Leopard das auch für eine kurzes Verschnaufen. Besonders wenn Beutetiere auf einen Baum transportiert werden, sind solche Zwischenaufenthalte sehr nützlich, weil sie den Leoparden wieder zu Atem und zu Kräften kommen lassen.

Beim Absteigen von einem Baum geht der Leopard so lange vorwärts, also mit dem Kopf voran nach unten, wie Äste oder Stämme nicht ganz senkrecht sind. Bei wirklich steilen Bäumen, die keinerlei Halt geben, erfolgt der Abstieg so lange rückwärts, also mit dem Schwanz voran, bis ein Abstand vom Erdboden erreicht ist, den der Leopard springend überwinden kann. Dazu dreht er sich am Baumstamm um, macht vielleicht noch einen Ab-

Das Erklimmen eines Baumes erfolgt oft in blitzartiger Geschwindigkeit

stieg von einem Meter und springt dann aus zwei bis vier Meter Höhe herunter. Besonders beim Erklettern von Bäumen und beim Wiederherabsteigen sind die Krallen unterläßlich wichtige Werkzeuge.

Leoparden sind gute Schwimmer. Stevenson-Hamilton 1912 hat beobachtet, daß Leoparden sich tagsüber auf Inseln im Sabifluß in Südafrika zurückzogen. Sie mußten dazu tiefes Wasser durchschwimmen.

Bitte
frankieren

Antwortkarte

〰 Tecklenborg Verlag

Siemensstraße 4

D-48565 Steinfurt

Meine Meinung zu diesem Buch

Absender

Name _____

Straße _____

PLZ/Ort _____

GLÜCKWUNSCH

Sie haben ein Tecklenborg Buch gewählt und sich damit
für hochwertige Qualität entschieden. **DANKE.**

Diese Karte entnahm ich dem Buch

Auf dieses Buch wurde ich aufmerksam durch

☐ Anzeige in _____

☐ Artikel in _____

☐ Verlagsprospekt

☐ Geschenk

☐ Empfehlung des Buchhändlers

☐ Schaufenster

☐ Sonstiges _____

Wenn Sie mehr über unsere schönen
Buchbände erfahren wollen, fordern Sie
unseren Gratisprospekt an.

☐ **Ja, bitte schicken Sie mir
Ihren GRATIS PROSPEKT**

Sie können aber auch telefonisch
oder per Fax bestellen:

Tecklenborg Verlag
Siemensstraße 4
Telefon 0 25 52 / 9 20-02
Fax 0 25 52 / 9 20 160

Zunächst erfolgt der Abstieg vom Baum rückwärts mit dem Kopf nach oben, in Sprunghöhe dreht sich die Großkatze um und hält den Kopf nach unten

Das Herabsteigen von einem Baum beginnt meist sehr behutsam

47

Komfortverhalten

Wie alle Katzen ist auch der Leopard viel mit seinem eigenen Körper beschäftigt. Das sogenannte Komfortverhalten besteht einerseits aus dem Sich-Putzen, zum anderen aus Rekken und Strecken, dem sogenannten Räkelsyndrom.

Für die Reinigung des Körpers spielt die Zunge eine große Rolle. Vor allem die vorderen Extremitäten leckt ein Leopard intensiv mit seiner rauhen Zunge. Auch Bauch und Hinterbeine werden von der Zunge gereinigt. Zum Kratzen in Hals- und Kopfbereich, wo die Vorderpranken nicht hinkommen können und die auch von der Zunge nicht erreicht werden, treten die Hinterbeine in Aktion. Mit vorsichtig ausgestreckten Krallen der Hinterbeine kann sich der Leopard am Hinterkopf, an den Ohren, in der Schultergegend und im Gesicht kratzen. Zur Reinigung des Gesichtes dagegen benutzt er die Sohlenpolster der Vorderpranken, mit denen er z.B. auch Blut abwischen kann, wenn er es mit der Zunge nicht erreicht.

Im Mutter-Kind-Verhalten ist eine wichtige Tätigkeit der Mutter, ihre Jungen mit der Zunge am ganzen Körper abzulecken. Anders als bei der anderen Afrikanischen Großkatze, dem Löwen, dessen Jungtiere ihre Mutter und Tanten häufig belecken, lecken junge Leoparden ihre Mütter weniger aktiv und häufig. Offenbar steht das Lecken beim Leoparden im Vergleich zu Löwen mehr im Dienste der Reinigung als der sozialen Kontaktpflege.

Das Räkelsyndrom kann man besonders

Pfotenlecken als häufiges Reinigungsverhalten

Überall, wo die Zunge hinkommt, wird sie zur Reinigung benutzt

gut am Ende einer Ruhe- oder Schlafphase beobachten. Die Brust wird dann oft bei weit nach vorn gestreckten Vorderbeinen auf den Boden oder einen Ast gelegt und die Hinterbeine rücken weit nach hinten, sodaß die Wirbelsäule tief nach unten durchgebogen wird. Der Schwanz wird dabei oft weit über den Körper nach vorn geschlagen. In der nächsten Phase des Räkelns kann dann bei ganz dicht nebeneinander stehenden Vorder- und Hinterpranken ein Katzenbuckel gemacht werden. Das ist bei Jungtieren häufig, bei erwachsenen Leoparden seltener zu beobachten. Das Weit-von-sich-Strecken der Beine kann auch im Liegen in Seitenlage stattfinden und manchmal rollen die Leoparden sich auch über den Rücken auf die andere Seite und strecken während dieses Vorgangs ein einzelnes Bein oder auch zwei gleichzeitig. Das Strecken ist nicht selten von Gähnen begleitet.

Eine Sonderform ist das Krallenschärfen, dabei setzen sich Leoparden auf die Hinterkeulen und bearbeiten mit den Vorderpranken die Rinde eines Baumes, indem sie abwechselnd mit der linken und rechten Vorderpfote nach unten kratzen. Diese Methode des Krallenschärfens beobachtet man gelegentlich auch im Rahmen des Markierverhaltens (s.S. 32). Im übrigen ist es durchaus zweifelhaft, ob durch dieses Verhalten tatsächlich die Krallen überhaupt geschärft werden.

Gähnen gehört zum Komfortverhalten

Wo die Zunge nicht herankommt, werden die Krallen zur Fellpflege benutzt

Krallenschärfen an einem Baumstamm im Sitzen auf den Hinterbeinen als Teil des Komfortverhaltens

Beuteerwerb

Leoparden sind ganz eindeutig reine Fleischfresser. Das geht aus ihrem ganz typischen Raubtiergebiß, insbesondere mit den scharfen Reißzähnen, hervor, aber auch aus ihrem Verdauungsapparat und schließlich aus ihren Verhaltensweisen. Dennoch ist nicht ganz sicher, ob sie nicht gelegentlich Früchte zu sich nehmen und ab und zu etwas Gras fressen. Leoparden haben ein außerordentlich breites Spektrum an möglichen Beutetieren. Es reicht von Käfern über Reptilien bis zu Vögeln und Großsäugern. Wenn irgendmöglich versuchen Leoparden, Säugetiere im Gewicht von 30 bis 50 kg zu erbeuten. Die Einteilung der Beutetiere nach ihrer Größe wird von den verschiedenen Beobachtern uneinheitlich gesehen. Für Kruuk und Turner 1973 sind für Leoparden

sehr kleine Beutetiere:	unter 10 kg
kleine Beutetiere:	20 – 100 kg
mittlere Beutetiere:	100 – 350 kg

Demgegenüber klassifizieren Mills und Biggs

kleine Beutetiere:	1 – 25 kg
mittlere Beutetiere:	25 – 100 kg
große Beutetiere:	100 – 350 kg
sehr große Beutetiere:	über 350 kg.

Vor diesem Hintergrund macht es wenig Sinn, die Beutetiere des Leoparden in Gewichts-Kategorien einzuteilen. Es ist besser, die als Beute bevorzugten Arten und deren Vielfalt zu nennen. So sind z.B. im Londolozi Tierschutzgebiet in Südafrika 23 Tierarten als Beutetiere des Leoparden bekannt. Im benachbarten Krüger Nationalpark sind es 21 Arten, obwohl die Landschaftsform dort vielfältiger ist als in Londolozi (Le Roux und Skinner 1989).

Was Leoparden fressen, richtet sich in allererster Linie nach dem Nahrungsangebot des jeweiligen Lebensraums. Dementsprechend sind sie auch nicht an starre Jagdmethoden gebunden, sondern in der Wahl ihrer jeweiligen Jagdform äußerst flexibel (Baerends-Van Roon und Baerends 1979). Auch Leyhausen 1973 sowie Du Bothma and Le Riche 1989 betonen eine große Variabilität des Jagdverhaltens der Leoparden.

Es ist bei einem so umfangreichen Speisezettel, wie ihn Leoparden haben, nicht möglich, generell die Bevorzugung bestimmter Beutetiere anzugeben. Wir haben ohne Anspruch auf Vollständigkeit in der Tab. 4 beispielhaft aufgelistet, welche Beutetiere in den einzelnen daraufhin untersuchten Gegenden vom Leoparden überhaupt nachgewiesenermaßen angenommen werden. Nur in wenigen Regionen ist bisher untersucht, welche der verfügbaren Beutetiere Leoparden generell auswählen. Z.T. sind in manchen Gegenden – besonders in vom Menschen besiedelten Räumen – die Auswahlmöglichkeiten der Beutetiere sehr eng.

Die Rangfolge in der Bevorzugung der individuell ausgewählten Beutetierarten haben wir ebenfalls ohne Anspruch auf Vollständigkeit in Tab. 5 zusammengefaßt. Diese Tabelle sagt im übrigen nicht nur etwas über die Beutevorliebe des Leoparden aus, sondern auch über die höchst unterschiedliche Verteilung geeigneter Beutetiere in den Beobachtungsgebieten auf dem afrikanischen Kontinent. Diese Zusammenstellung zeigt, daß von verschiedenen

Untersuchern selbst in gleicher Gegend und mit wenigen Jahren Abstand ganz unterschiedliche Ergebnisse zu Tage gefördert werden. Nach Du Botma and Le Riche 1984 werden in der Kalahari Springböcke ganz selten vom Leoparden geschlagen werden, obwohl sie durchaus häufig sind. Vom Gewicht und Verhalten her entsprechen sie eigentlich den Thomsongazellen Ostafrikas und müßten damit – nach menschlichen Vorstellungen – optimale Beutetiere sein. Mills 1990 fand jedoch etwas völlig Gegenteiliges. Nach ihm stellen Springböcke die Hauptbeute der Leoparden in der Kalahari dar. Wir werten diese Diskrepanz der Untersuchungsergebnisse als Stütze für unsere Warnung, Forschungsergebnisse zu verallgemeinern.

In der Serengeti nehmen dagegn nach übereinstimmenden Untersuchungen von verschiedenen Forschern (Wright 1960, Kruuk u. Mitarb. 1967, Bertram 1979) ganz klar die Thomsongazellen die Rangfolge Nr. 1 und die Impalas den Platz Nr. 2 ein. Das hat im übrigen auf die Gazellenpopulation zwar einen deutlichen, aber in keinem Fall bestandgefährdenden Einfluß. Die 800 bis 1000 Leoparden des Serengeti Nationalparks töteten 3.920 bis 5.900 Thomsongazellen in einem Jahr, überwiegend im Buschland und niemals in offenen Flächen. Zum Vergleich sei erwähnt, daß die in der Serengeti lebenden etwa 9.000 Tüpfelhyänen 33.670 bis 34.320 Thomsongazellen und die 220 Geparde 5.134 Thomsongazellen schlugen (Caro 1994).

Durch die aufsehenerregenden manipulierten Bilder vom Zusammentreffen eines Leoparden mit einem Pavian von John Dominis 1968 für den Time-Life Verlag entstand vor vielen Jahren eine Legende, wonach Leoparden eine ganz besondere Vorliebe für Paviane hätten. Auch in volkstümlichen Schilderungen des Leoparden hieß es lange Zeit, daß er auf Paviane als Beute spezialisiert sei. Das mag für einige Gebiete Afrikas zutreffen, kann jedoch für den ganzen Kontinent nicht generalisiert werden. In Sambia hält Chabwela 1977 in einigen Gegenden den Pavian für das häufigste Beutetier des Leoparden. Nach den Untersuchungen der meisten Feldforscher über die Beutetiere des Leoparden zählen Paviane nirgends zu den häufig erbeuteten Arten. So hat Hamilton 1977 im Tsavo Nationalpark in Kenia nicht ein einziges Mal erlebt, daß Leoparden Paviane schlugen, obwohl sie dort häufig vorkommen. Er erwähnt allerdings, daß in Kenia in der Gegend um Suswa – ein Krater auf dem Boden Großen Afrikanischen Grabens – die Leoparden geradezu auf Paviane spezialisiert seien. Allerdings gibt es in diesem begrenzten, kleinen Gebiet kaum andere Beute für Leoparden. Guggisberg 1966-68 erwähnt, in der Serengeti in Tansania die Haut eines Pavianes gefunden zu haben, den am Tage zuvor ein Leopard geschlagen habe. Er berichtet zugleich, daß der Direktor einer Wildfarm in der Kapprovinz erwähnt habe, er hielte die Paviane durch Leoparden kurz, offenbar gehören sie dort zu den wichtigsten Beutetieren des Leoparden. Wright 1960 meint, daß Paviane in Kenia dort überhand genommen hätten, wo die Leoparden durch Jagd und Wilderei stark dezimiert worden seien. Es würde nach seiner Ansicht jetzt begonnen, Leoparden wieder einzuführen, um die Zahl der Paviane zu vermindern.

Wir selbst haben in vielen Nationalparks Ost- und Südafrikas gesehen, daß Paviane durchaus keine Furcht vor Leoparden zeigten. Im Gegenteil haben wir erlebt, daß sowohl Tschakma – wie Anubispavian und auch Gelber Babuin durchaus aggressiv gegen Leoparden auftraten. Pölking 1995 hat das für den Anubispavian beschrieben und mit eindrucksvollen Bildern belegt.

Nicht ganz von der Hand zu weisen ist eine gewisse Vorliebe der gefleckten Katze für Haushunde, wie das Estes 1992 beschreibt. Wir selbst haben durch persönliche Mitteilungen von

Bewohnern der Gegend in der Nähe des Nairobi Nationalparks erfahren, daß vor ihren Augen wiederholt und an verschiedenen Stellen ihre Hunde von Leoparden erbeutet wurden.

Beim Erbeuten von Kleintieren, die ein Leopard sozusagen am Rande mitnimmt, ist die unmittelbare Beobachtung fast unmöglich. 1990 begegneten wir zehn Tage lang einer Leopardin im Samburu Nationalreservat in Kenia, deren fast routinemäßigen täglichen Weg wir genau kannten. Gegen 7.00 Uhr kam sie den Berg herab, in dessen Felsen sie die Nacht zu verbringen pflegte. Auf dem Weg zum Trinken im Uaso Nyero erwischte sie innerhalb von zehn Minuten buchstäblich im Vorübergehen je eine im Gras sitzende Gurrtaube. Die Leopardin tötete die Taube jeweils mit einem einzigen Prankenschlag, kaute ein bißchen auf dem Vogelkörper, daß die Federn nur so flogen, fraß wirklich nur einen Happen und ließ die Reste der Taube dann liegen. Der Schluß, Tauben zählen zur normalen Beute eines Leoparden, dürfte genauso verfehlt sein wie die Vermutung, Krokodile gehörten zur ‚normalen' Beute des Leoparden, weil wir 1982 am Savutikanal in Botswana ein etwa zwei Meter langes Krokodil auf einem Baum festgehakt gefunden haben (s.S. 27)

Wenn wir in Tab. 5 aufgelistet haben, welche Beutetiere die Leoparden in verschiedenen Gebieten bevorzugen, soll das nur einen Eindruck vom Umfang des Speisezettls des Leoparden vermitteln. Wir sind ganz sicher, daß es noch sehr viel mehr Tierarten gibt, die dem Gefleckten als Nahrung dienen können.

Tatsächllich gibt es viel mehr Beobachtungen von ungewöhnlichen Beutetieren, die wir nicht alle kennen und die – falls wir sie kennen – hier nicht erwähnt werden können. Daß Leoparden z.B. gelegentlich Fische fangen, ist von Fey 1964 beschrieben worden. Er fand in Simbabwe einen Leoparden, der regelmäßig Fische der Gattung Tilapa – das sind Buntbarsche – fing. In Sambia beobachteten Mitchell und Mitarb. 1965, daß Leoparden Raubwelse der Gattung Clarias schlugen. Auch wir haben in Botswana 1982 an Tümpeln, die kurz vor dem Austrocknen standen und dicht an dicht mit Welsen von über einem Meter Länge gefüllt waren, Leopardenspuren an verschiedenen Stellen direkt zu diesen Schlammlöchern führen sehen. Getrunken haben konnten die Leoparden dort nicht, denn es existierte kein freies Wasser mehr. Ungewöhnlich ist auch die Beobachtung von Fey 1964, der in den Nyandaruabergen beobachtete, wie ein Leopard von den Dunghaufen der Büffel Mistkäfer sammelte und fraß (s.S. 64).

Jagdformen

Nach dem Nahrungsangebot richtet sich – wie erwähnt – auch die Jagdmethode. Grundsätzlich beherrschen die Leoparden alle fünf Jagdmethoden, die Hagen 1984 früher einmal einander gegenübergestellt hat, sie sind in Tab. 6 zusammengefaßt. Meist werden Leoparden als nächtliche Jäger angesehen (Sunquist und Sunquist 1989), wir selbst haben oft am frühen Morgen Leoparden an frischen Rissen gesehen, die sie offenbar in der vergangenen Nacht gemacht hatten, wir konnten aber auch Jagden am hellichten Tage beobachten. Dobroruka 1974 meint, eine Bevorzugung der Morgenstunden gefunden zu haben. Die meisten Autoren fanden keine Häufigkeit zu bestimmten Zeiten. Der Zeitpunkt einer Jagd hängt wohl mit der Verfügbarkeit der Beutetiere zusammen, die dem Leoparden jeweils über den Weg laufen.

Anschleichjagd

Anschleichjagden gehören zu den häufigsten Jagdmethoden des Leoparden. Unter unseren eigenen Beobachtungen trägt die nachfolgend geschilderte aus dem Masai Mara Nationalreservat in Kenia 1994 die typischen Züge der Anschleichjagd: Am oberen Ende eines Felsenhanges verließ eine Leopardin ihr Junges und wanderte entspannt am Gipfelgrat entlang. Nach etwa zehn Minuten schaute sie plötzlich gebannt nach links, duckte sich und schlich den felsigen Hang herab. Etwa 200 Meter entfernt am Fuße des Steilhanges graste

ein ausgewachsener Thomsongazellenbock am Rande eines Korongos. Obwohl es in der Nähe des Bockes keinerlei Deckung gab, robbte sich die Leopardin im sogenannten Schleichkriechen an ihn heran. Sobald der Bock den Kopf hob oder Grasen unterbrach, erstarrte die Leopardin in der Haltung, in der sie sich gerade befand. Sie verharrte regungslos, bis die Gazelle weitergraste. Das letzte Stück der freien Fläche überwand sie, indem sie sich langsam, Zentimeter für Zentimeter vorwärtsbewegte. Aus fünf Meter Entfernung sprang die Leopardin auf und überwältigte die Gazelle, die etwa drei Meter weit fliehen konnte. Die Leopardin riß ihre Beute blitzschnell um, hielt sie mit einer Vorderpranke am Boden, biß sie erst in das Hinterteil und dann ins Genick. Das Opfer war sofort tot.

Diese Schilderung zeigt das Prinzip der Anschleichjagd: die Leoparden versuchen, so nahe wie möglich unbemerkt an ihre Opfer heranzukommen, so daß keine Zeit mehr auch nur zum Ansatz einer Flucht finden (Eltringham 1979).

Wie oft Leoparden jagen, hängt natürlich von der Größe ihrer Beutetiere ab, aber auch davon, ob die Beute allein vom Jäger oder von einer Mutter mit ihren Jungen gefressen wird. Eine Rolle spielt ebenfalls, ob die Beute womöglich von anderen Raubtieren übernommen wird. Le Roux und Skinner 1989 fanden, daß ein Leopard im Durchschnitt alle 11,8 Tage Beute von mehr als 10 kg schlägt. In der Regenzeit brauchten die von Bailey 1993 untersuchten Leoparden durchschnittlich alle 7,1 Tage Beute zu erwerben, während es in der Trockenzeit alle 6,8 Tage nötig war. In Sambia ermittelten Mitchell und Mitarb. 1965 einen Abstand von 5 Tagen zwischen zwei Rissen, dies stimmt mit den Ergebnissen von Schaller 1972 überein. Im allgemeinen schlägt ein Leopard erst dann wieder Beute, wenn der letzte Riß aufgefressen war oder gestohlen wurde. Gelegentlich haben wir Ausnahmen beobachtet, etwa wenn eine Mutter ihre Kinder in die Selbständigkeit entläßt und ihnen zuvor noch Vorräte in die Bäume hängt (s.S. 27). Allerdings haben wir 1980 einmal auch einen Leopar-

den ohne Jungtiere in der Keekorokgegend des Masai Mara Nationalreservats in Kenia über mehrere Tage beobachtet, der eine Thomsongazelle und ein junges Kongoni in den gleichen Baum gebracht hatte und abwechselnd an beiden Kadavern fraß. Die zwei Beutetiere waren am gleichen Tag bis auf Haut und Knochen verwertet.

In der Kalahari in Südafrika ist die Jagd der Leoparden unter anderem durch die geringe Dichte geeigneter Beutetiere erschwert. Deswegen müssen Kalahari-Leoparden schon im Rahmen der Beutesuche sehr weite Strecken zurücklegen, oft bis zu 90 km von einem Riß zum anderen. Dabei jagen sie durchschnittlich alle 3 Tage erfolgreich. Leopardenmütter mit Jungen jagen hier alle 1 1/2 Tage. Die weiten Wanderungen sind erschwert, weil die heißen Bodentemperaturen des Kalaharisandes ihnen tagsüber das Gehen unmöglich machen und sie nur spätabends, nachts und frühmorgens marschieren können (Du Bothma und Le Riche 1990). Hier in der Kalahari legen sie auch die längsten Strecken beim unmittelbaren Anschleichen zurück. Zum Beispiel müssen sie sich an Spießböcke und Kaama Kuhantilopen teilweise über 500 Meter weit anschleichen. Unter Ausnutzung der hier sehr spärlichen Deckungsmöglichkeiten erfolgt die Annäherung an das Beutetier oft halbkreisförmig (Du Bothma und Le Riche 1989). Im Buschland in Sambias Kafue Nationalpark haben wir selbst 1973 erlebt, daß sich ein Leopard einer jungen ruhenden Pferdeantilope bis auf zwei Meter genähert hatte und dabei auch von den zehn bis dreißig Meter entfernt weidenden Alttieren nicht entdeckt wurde. Die Leopardin benötigte 45 Minuten, um aus fünfzig Meter Entfernung diese Position zu erreiche. Die Jagd blieb erfolglos. Für uns war nicht nacherlebbar, was den Leoparden letztlich auf den Beutesprung verzichten ließ.

Im Masai Mara Nationalreservat in Kenia pirschte 1994 eine Leopardin zwei Dikdik an, die offenbar in einem Korongo, an dem die Jagd stattfand, zu Hause waren. Korongos sind mehrere Meter breite und tiefe buschbewachsene Einschnitte in flaches oder schwach hügeliges Gelände. Sie führen kurz nach der Regenzeit vorübergehend Wasser, von dem manchmal über Monate Trinkstellen zurückbleiben. Die Dikdiks hatten die Leopardin längst entdeckt, so daß deren Jagd erfolglos blieb. Die beiden Kleinantilopen waren zu aufmerksam. Dann näherte sich dem Korongo eine Warzenschweinfamilie mit fünf Jungen. Von denen wollte sich die Leopardin offensichtlich eins holen. Bei ihrer Anschleichjagd hatte sie das letzte der kleinen Ferkel schon fast erreicht, als sie von einem der beiden erwachsenen Warzenschweine so heftig attackiert wurde, daß sie flüchten mußte und sich auf einen Baum rettete. In diesem Fall blieb der Jagderfolg aus, weil die ausersehene Beute von ihrem stärkeren Artgenossen verteidigt wurde. Gegen Abend schlich sich die Leopardin dann im strömenden Regen an einen Impalabock heran. Obwohl sie sich ihm bis auf die geringe Distanz von 6 bis 8 Metern nähern konnte, versuchte sie nicht, ihn zu erbeuten.

Im Krüger Nationalpark in Südafrika sahen wir 1986 ein kräftiges Leopardenmännchen, das sich bei äußerst geringer Deckungsmöglichkeit – es wuchsen dort in einer sehr lichten Baumsavanne nur ein paar dichtere trockene Grasbüschel – an ein Warzenschwein heranmachte. Der Leopard setzte mit zwei Sprüngen zum Niederbringen des Beutetieres an, verfehlte dann allerdings das offenbar im letzten Bruchteil einer Sekunde aufmerksam gewordene Tier. Er machte keine Anstalten zu einer weiteren Verfolgung.

In einem breiten, sandigen Korongo in der Keekorokgegend des Masai Mara Reservates in Südkenia beobachteten wir 1985 einen Leoparden, der über eine Stunde eine Herde von grasenden Thomsongazellen auf sich zukommen ließ. Dieser Leopard verhielt sich zunächst wie ein Lauerjäger. Die Gazellen kamen auch grasend auf Sprungweite an ihn heran, aber er sprang nicht. Die Thomsongazellen bemerkten die gefleckte Katze nicht. Sie änderten langsam ihre Richtung, woraufhin der Leopard sie über 25 Meter am Rande des Korongo im Schleichkriechen durch das hohe Gras verfolgte. Dabei blieb er durch geschickte Ausnutzung des dichten Buschwerkes für die Gazellen stets unsichtbar. Erst nach diesem Anschleichen erbeutete er in einem einzigen Sprung eine völlig ahnungslose weibliche Thomsongazelle. Er packte sie unverzüglich am Hals und trug sie auf den etwa drei Meter tiefen Boden des Korongos. Dort erst tötete er die bis dahin immer noch zappelnde Gazelle mit einem Nackenbiß.

Lauerjagd

Die reine Lauerjagd, wie sie zu Beginn dieser zuletzt geschilderten Beobachtung stattfand, ist eine häufige Methode. Leoparden, die den Tag auf Bäumen verbringen, benutzen diese oft als erhöhten Ansitz. Mit bemerkenswerter Geduld lassen sie Herden grasender Tiere in geeigneter Größe an sich oder gelegentlich direkt unter ihrem Ausguck vorbeiziehen oder auf sich zuweiden. Wenn der Ast, auf dem der Leopard ruht, nicht zu hoch ist, kann er direkt von oben auf seine Beute springen, was wir selbst noch nie erlebt haben, aber von Watcher (1974) beschrieben wurde. Auch der Leopard in der berühmten Fotosequenz von Dominis 1968 springt in Verfolgung des Pavians vom Baum herab, auf den er gerade zuvor erst geklettert ist.

Zur Zeit der gleichzeitigen Gnugeburten während der Monate Januar bis Anfang März in der Gegend um den Ndutusee in Nordtansania lassen Leoparden häufig die Herden mit den Jungtieren unter sich vorbeiziehen, um von oben herabzuspringen und eines dieser Neugeborenen zu töten (Babu 1976 pers. Mitt.). Dem Kenya Game Department 1954 ist

Reglose Ansitzjagd auf einem Baum

Im Sprung wird unter dem Baum laufende Beute erobert

Bei Lauerjagd wartet der Leopard reglos auf weitere Annäherung der Beute

folgende Schilderung entnommen: Ein Leopard saß auf einem Baum, unter dem eine Gnuherde stand. Der Leopard sprang von oben herab in die auseinanderstiebende Herde. Als der Staub sich legte, saß der Leopard auf einem jungen Gnu.

Meistens verlassen Leoparden aber zum Jagen ihre Warte auf dem Baum. Sie klettern dazu vorsichtig an der für das auserwählte Opfer nicht sichtbaren Seite des Baumstammes herab und suchen Deckung hinter dem Stamm oder – wenn vorhanden – hinter anderer dichter Vegetation. Dabei können sie nach sehr langer Wartezeit auf einem Ast des Baumes noch einmal dieselbe Zeit am Fuß des Baumes zubringen, um auf solche Tiere zu warten, die sie von oben über längere Zeit bei der Annäherung zu dem betreffenden Baum beobachtet haben. So etwas haben wir 1991 dreimal im Samburu Nationalreservat in Nordkenia erlebt. Nur eine von diesen drei Jagden war erfolgreich. Dabei ließ der Leopard zunächst eine Gazelle zwei Meter neben sich passieren. Er brachte erst die zweite in der Marschordnung zu Boden, obwohl diese eineinhalb Meter weiter entfernt war als die erste. Bei der zweiten Beobachtung sahen wir eine kleine Herde Grantgazellen zielstrebig auf den ‚Leopardenbaum' zumarschieren, unter dem sie offenbar Schatten suchten, wie das andere Gazellengruppen bereits in der Nähe unter anderen Bäumen getan hatten. Ehe aber der neben dem Baumstamm im Gras gut getarnt lauernde Leopard zuschlagen konnte, flohen die Gazellen nach allen Seiten. Bei unserer dritten Beobachtung änderten die Gazellen ihre Richtung. Das hätte der Leopard vom Baum aus sehen können. Im hohen Gras auf dem Boden konnte er jedoch nicht erkennen, daß die Gazellen einen anderen Weg eingeschlagen hatten. So wartete er über eine Stunde, ehe er merkte, daß sein Ansitz vergeblich war. Es liegen keine Beobachtungen oder Berichte darüber vor, ob Leoparden sich ihre Opfer bereits zu Beginn der Anschleich- oder auch Ansitzjagd auswählen oder ob sie es mehr dem Zufall überlassen, welches Tier einer Gruppe sie töten wollen. Bei Ansitz- und Anschleichjagd geht es bei Leoparden unverhältnismäßig viel ruhiger und unauffälliger zu als bei den gleichen Jagdformen des Löwen oder des Geparden. Lediglich das Jagdverhalten des Servals gleicht dem des Leoparden. Löwen schleichen sich nie so nahe an ihre Beute heran, daß sie diese in einem Sprung erwischen können. Löwen verfolgen vielmehr die zunächst angeschlichene Beute, zumindest über einige Meter, manchmal bis über dreihundert Meter. Geparden schleichen sich zwar auch gelegentlich, oft sogar über mehrere hundert Meter an, schließen daran aber eine Verfolgungsjagd über mindestens fünfzig, manchmal bis zu dreihundert Meter an. Die Beutetiere der Löwen und Geparden haben daher eine größere Chance, durch Flucht zu entkommen.

Wenn beim Leoparden Jagdversuche ergebnislos verlaufen, hat das selten seine Ursache in der geschickten Flucht der Beutetiere, sondern vielmehr im Verhalten des Leoparden selbst. Der Jäger wirkt manchmal – in menschlichen Dimensionen ausgedrückt – unsicher oder unentschlossen. Wer viele Jagden im Feld gesehen hat, ist – wenn er alles mit menschlichen Maßstäben mißt – oft überrascht, wie häufig ein Raubtier die Jagd abbricht oder plötzlich nur noch halbherzig bei der Sache ist. Man sollte eine ergebnislose Jagd nicht grundsätzlich als mißglückt bezeichnen, das ist eine viel zu voreingenommene Bewertung im menschlichen Sinne. Eine Schwierigkeit bei der Bewertung des Jagderfolges ergibt sich schon aus der unterschiedlichen Definition, was denn nun im vielfältigen Verhalten des Leoparden überhaupt als Jagen gewertet werden kann. Es geht auch darum, von welchem Zeitpunkt an man ein wie Jagd aussehendes Verhalten als tatsächlich beginnende Jagd ansehen kann. 1988 im Samburu Nationalreservat in Kenia haben wir gesehen, wie ein Leopard von seinem Ruhebaum aus sehr aufmerksam eine Gruppe Grantgazellen beobachtete, vom Baum herunterkam und schnurstracks ohne Schleichgang und ohne Ausnutzung von Deckung auf die Gazellen zuging. Als sie vor dem Leoparden flohen, dachten auch wir zunächst an eine erfolglose Jagd. Tatsächlich ging der Leopard unbeirrt über den Platz, an dem die Gazellen gegrast hatten, hinaus zu einem anderen Baum mit einem halb aufgefressenen Impalariß. Erfolg oder Mißerfolg einer Jagd muß man aus der Perspektive des jagenden Tieres betrachten. Dabei macht der Leopard – natürlich unbewußt instinktiv – eine Nutzen-Kostenrechnung auf. Er entscheidet oft erst während des Jagens, ob der Einsatz zur Erlangung einer wehrhaften Beute nicht womöglich lebensgefährlich werden kann. Abbruch oder Aufgabe einer Jagd unmittelbar vor dem Töten des Beutetieres, um dadurch am Leben zu bleiben, kann im Hinblick auf die Lebensgeschichte des Jägers durchaus erfolgreich sein. Ins Menschliche übertragen heißt das: ‚Lieber hungrig überleben als mit vollem Bauch lebensbedrohliche Verletzungen in Kauf nehmen.'

Kurz vor dem Töten gefährlicher Beutetiere kann bei einer anfangs erfolgversprechenden Anschleichjagd noch eine Konfliktsituation auftreten. Mit zunehmender Verkürzung der Entfernung zwischen Jäger und Beutetier wächst beim Raubtier die Besorgnis, eine Verletzung durch Hörner, Hufschlag, Zähne oder durch Fehltritte auf felsigem und unübersichtlichem Boden davonzutragen. In solchen Fällen muß erfolgreiches Auflauern, Anschleichen oder Verfolgen nicht notwendigerweise dazu führen, die Jagd mit dem Töten abzuschließen. Ja selbst eine aussichtsreiche Position zur Aneignung fremder Beute wird oft nicht genutzt, um die Beute für sich zu übernehmen. Sogar ein hoher Erfolgsdruck durch Hunger schließt nicht aus, in letzter Sekunde eine Risikoabwägung durchzuführen. Viele solcher Nutzen-Kosten-Rechnungen geschehen natürlich nicht aufgrund kreativer, aktueller, komplexer Lagebeurteilungen. Vielmehr leiten angeborenes Verhaltens-Schema, prägende Erfahrung oder aus früheren ähnlichen Situationen Gelerntes das Verhalten, Hunger gegen Gefährdung abzuwägen.

Nach unserer Meinung kann man Verhalten nicht in allen Fällen als ausschließliche Reaktion auf Reize ansehen. Bei komplexen Verhaltensweisen kommt man manchmal nicht umhin, einem Tier absichtsvolles und damit auch bewußtes Handeln zu unterstellen. Für bestimmte vielschichtige Reizkonstellationen reichen manchmal rein mechanische Erklärungen einfach nicht aus. Die Auslöser für Verhalten können angeboren sein, aber auch durch Prägung und häufig durch Lernen erworben werden. In komplizierten Situationen fließen äußere Reize und daraus resultierende Verhaltensweisen zu großer Komplexität zusammen. Dann drängt sich uns auf, daß die Handlungskonzepte etwas mit Bewußtsein und Einsicht (wie wir Menschen das für uns in Anspruch nehmen) zu tun haben. Es fällt dabei schwer, im Endergebnis ,vernünftiges' erfolgreiches Handeln als eine rein reflektorische, starre Verknüpfung von Reiz und Handlung anzusehen.

Leider ist das Tier heute für viele Zoologen nichts weiter als ein Datenlieferant für ,harte' Zahlen. Diese reduktionistische Sichtweise macht viele Menschen, auch manchen Biologen, blind dafür, daß Tiere ganzheitlich gesehen werden müssen. Bei solcher Sichtweise ist ein Tier weit mehr als die Summe statistisch abgesicherter biochemischer Reaktionen oder molekularbiologisch definierter, abgeklärter Strukturen.

Denkt oder entscheidet ein Leopard in bestimmten Situationen mit Bewußtsein, wie er sich aktuell verhalten will? Oder ist er eine Reflexmaschine, die auf jeden Reiz eine kaum modifizierbare Reaktion folgen lassen muß? Wer vom Menschen ungestörte und unbeeinflußte Tiere in ihrem natürlichen Lebensraum beobachtet, steht bei der Entscheidung dieser Frage plötzlich zwischen Descartes und Darwin. Wer Tiere für intelligent und einsichtig – oder umgekehrt – für dumm und stumpf hält oder sie auch nur so bezeichnet, setzt sich der Gefahr aus, wissenschaftlich nicht für voll genommen zu werden. So weit also wirkt Descartes immer noch nach. Wir haben trotz dieses Hemmnisses in den Jahrzehnten unserer theoretischen Beschäftigung mit der Biologie und unseren Tierbeobachtungen die Überzeugung gewonnen, daß Tiere geistige, ja sogar seelische Fähigkeiten besitzen und ein Bewußtsein haben. Das gilt zumindest für etliche Arten der sogenannten Höheren Tiere. Wir können nicht verleugnen, immer Darwins Einstellung näher gestanden zu haben.

Unerwartet leistet uns jetzt für diese Sichtweise der Ethologe Walther Schützenhilfe, der – bei Spießböcken (Oryxantilopen) – ,Situationseinsicht' annimmt. Walther, der Jahrzehnte im Feld – fern dem Labor – Tiere ganzheitlich beobachtet hat, stützt sich auf Hediger 1947, 1980 und Griffin 1976, 1984, 1985. Wer uns wegen der hier wiedergegebenen Vorstellungen von der Situationseinsicht des Leoparden der Unwissenschaftlichkeit zeiht oder uns gar anthropomorphe Denkweisen unterstellt, findet uns mit Walther und den von ihm zitierten Wissenschaftlern in guter Gesellschaft. Ob die Hypothese vom Vorhandensein einer Situationseinsicht verifiziert oder falsifiziert werden wird, bleibt offen. Ebenso muß abgewartet werden, ob dieses in verhaltensphysiologischen Laboratorien oder im Feld geschehen wird. Die Überlegung der Situationseinsicht läßt sich gerade bei der Nutzen-Kosten-Rechnung anstellen, die wir bei manchen der geschilderten Beobachtungen von Jagden mit fraglichem Ausgang machten.

Daß eine solche Nutzen-Kosten-Rechnung eine große Rolle bei Leoparden spielt, wird bei der Jagd auf Stachelschweine besonders auffällig. Es gibt Leopardenpopulationen, für die Stachelschweine die Hauptnahrung darstellen (s. Tab. 5). Ein Leopard, der ein Stachelschwein gestellt hat und dennoch nicht tötet, sollte deswegen weder feige noch ungeschickt genannt werden, seine Jagd ist auch nicht mißglückt zu nennen. Er verfolgt vielmehr eine Nutzen-Kosten-Strategie zugunsten seiner Gesunderhaltung oder gar seines Überlebens, wenn er eine schon sicher geglaubte Beute dann doch nicht tötet. Die Stacheln dieses gro-ßen Nagetieres können zu lebensbedrohlichen Wunden, insbesondere im Gesichts- und Lippenbereich eines Leoparden führen. So hat Rosevear 1974 einen toten Leoparden gese-hen, bei dem sich Stacheln eines erbeuteten Stachelschweines durch die inneren Organe nach außen gearbeitet hatten. Derselbe Autor sah auch Leoparden mit üblen Verletzungen der Pranken, die dadurch in ihrer Kondition stark abgekommen waren, weil sie nicht mehr jagen konnten und hungern mußten. Nur ein ganz zielsicherer, blitzschneller, gekonnter Schlag auf die Schnauze des Stachelschweines, der das Tier lähmt, kann solche Verletzun-gen vermeiden.

Im übrigen ist die Jagd auf Stachelschweine oft eine Kombination von Ansitzjagd mit Ver-folgungsjagd. Vor einem bewohnten Stachelschweinbau kann ein Leopard lange auf der Lauer liegen, bis sich das wehrhafte Tier aus seiner Höhle herausbegibt. Bei der Jagd muß sich der Leopard hüten, hinter dem Stachelschwein zu laufen. Er muß vielmehr ständige Überholversuche unternehmen, um von vorn an das empfindliche Gesicht des Stachel-schweines heranzukommen.

Natürlich können sich auch an andere Ansitz- oder Anschleichjagden kurze Verfolgungs-jagden anschließen. Ein Beutetier kann manchmal noch Zeit zur Flucht haben, wenn der Leopard es nach der Lauer- oder Anschleichjagd verfehlt. Dann wird der Leopard für ganz kurze Zeit zum Verfolgungsjäger. Oder er gibt auf. Eine solche Jagd wäre dann als ,miß-glückt' zu bezeichnen.

Gelegentlich haben wir beobachtet, daß sich auch satte Leoparden an Beutetiere an-schlichen. Möglicherweise bestand bei diesen Tieren nur der Drang, die Verhaltensweise des bloßen Anschleichens ablaufen zu lassen, ohne das Töten als abschließendes Glied in der Kette angeborenen Jagdverhaltens überhaupt anzustreben. Allein der ungestörte Ablauf jeder in sich geschlossenen Verhaltensweise befriedigt das handelnde Tier, auch wenn das Anschleichen oder das Verfolgen nur Teil eines zielgerichteten Verhaltenskom-plexes sind. Ein Leopard, der für einige Zeit nur Ansitzjagd betreibt und lange keine Gele-genheit zur Anschleichjagd hatte, empfindet ein Bedürfnis, diese Handlung ablaufen zu lassen. Zur Endhandlung des Tötens kann u.U. gar keine Neigung bestehen, vielleicht, weil der Leopard satt ist. Deshalb ist ein Leopard, dem nur ein perfektes erfolgreiches Anschlei-chen gelingt, auch ohne zu töten befriedigt und keineswegs ,frustriert'. Allein das bewirkt dann auch ein ,Zufriedenheitsgesicht' (,consummatary face' von dem englischen Verb con-summate = zum Abschluß führen). Den einzelnen sich aneinanderreihenden Vorgängen des Jagdverhaltens können unterschiedliche innere Reizschwellen zu Grunde liegen. So hat ein hungriger Leopard eine größere Bereitschaft zum Jagen als ein satter. Zugleich kön-nen auch äußere Auslöser Bedeutung haben. Wenn ein aufmerksames Beutetier nur nach langem, mühsamen Anschleichen erjagt werden kann, löst es das Jagen nicht so leicht aus, als wenn arglose Tiere der gefleckten Katze direkt in die Pranken laufen. Wehrlose Beute-tiere erleichtern dem Leoparden den Entschluß zur Jagd. Wehrhafte dagegen lassen ihn u.U. ganz auf die Jagd verzichten.

Verfolgungsjagd

Die Jagdform des Verfolgens ist bei Leoparden sehr selten und kommt höchstens für die wenigen letzten Meter bei einer Anschleich- oder Lauerjagd infrage. Dennoch haben wir einmal 1994 im Masai Mara Nationalreservat in Kenia eine typische Verfolgungsjagd beobachten können: Gegen Abend schlich sich eine Leopardin an ein Impalaweibchen mit einem kleinen Kitz an und begann bereits in 100 Meter Entfernung mit einer Verfolgungsjagd in hoher Geschwindigkeit und ohne jede Deckung. Sie überwältigte das flüchtende Impalakitz mit Leichtigkeit und trug ihre Beute etwa 200 Meter entfernt in einen Busch, um sogleich davon zu fressen.

Stöberjagd

Diese ist zwar nicht typisch für den Leoparden, dennoch gar nicht allzu selten zu beobachten. Abliegende Kitze von Hornträgern oder sich reglos an den Boden drückende Hasen werden oft rein durch Zufall im Vorübergehen entdeckt, und nicht gezielt angeschlichen.

Im Tsavo Nationalpark in Kenia haben wir einen Leoparden, der auf eine Akazie klettern wollte, dabei beobachtet, wie er mehrfach nur eineinhalb Meter an einem Kaphasen vorbeiging, der sich ganz flach an den Boden gedrückt hatte. Der Leopard schnüffelte, bevor er den Baum erklomm, am Stamm des Baumes und an den nahegelegenen Büschen, weil das für ihn typische Markierplätze waren, ohne den Hasen zu bemerken. Als er später wieder herunterstieg und erneut markieren wollte, stieß er unvermutet auf den Hasen und erschrak bei dessen plötzlicher Flucht. Beim anschließenden Durchstöbern des hohen Grases, in dem der Hase verschwunden war, wurde der Leopard fündig und erbeutete nun den Hasen.

Wenn Guggisberg (1966-68) davon spricht, daß die Leoparden am Seronerafluß im Serengeti Nationalpark in Tansania systematisch die vielen Buschinseln nach Riedböcken absuchen, ist auch das zweifellos eine Form der Stöberjagd. Fey 1964 hat in den Nyandauabergen (früher Aberdares) einen Leoparden beobachtet, der zielstrebig von einem Fladen Büffelkot zum nächsten die Gegend durch‚stöberte‘, um Mistkäfer aus dem Kot zu holen und zu verspeisen (s.S. 54?).

Vorsätzliche Stöberjagd, wie man sie beispielsweise bei Mangusten, Löffelhunden oder Honigdachsen findet, dürfte aber beim Leoparden selten sein. Es gibt keine systematischen Beobachtungen, ob Stöberjagd überwiegend in Gebieten stattfindet, in denen größere Tiere, die normalerweise durch Ansitz-, Anschleich- oder Verfolgungsjagd erbeutet werden, nicht vorkommen. Nach großen Käfern, Echsen, bodenbrütenden Vögeln, deren Eiern und Jungen müssen hungrige Leoparden schon die Gegend durchstöbern.

Bei jedem Ortswechsel – aus welchem Grunde er auch immer stattfinden mag – widmen Leoparden Bäumen besondere Aufmerksamkeit. Einerseits benutzen sie deren Stämme häufig zum Markieren und um geruchlose Informationen von anderen Leoparden zu bekommen. Andererseits richten sie fast regelmäßig den Blick nach oben in jeden Baum. Es könnte ein geeignetes Beutetier oder der eingeklemmte Riß eines anderen Leoparden darin sein und damit durch dieses Verhalten aufge‚stöbert‘ werden. Außerdem besteht ein Unterschied zwischen dem Durchmustern der Gegend nach einem Baum mit Gelegenheit zum Rundumblick oder nach einem Ruhebaum. Wenn es sich um einen unbelaubten Baum oder Baumstumpf handelt, dienen diese nicht zum bequemen Ruhen. Es wird sich vielmehr um einen Ausguck handeln. Von einem solchen Platz wird eine Anschleichjagd ausgehen. Huftiere als wichtige Beutetiere der Leoparden pflegen Baumästen und -kronen keine Beachtung zu schenken, sie sind auf Feinde in höheren Ebenen gar nicht eingestellt. Außerdem verrät sich eine im Baum liegende Katze nicht einmal durch ihren Geruch, weil

Am Boden liegende Beute ist schwer gegen starke Raubtiere zu verteidigen

der vom Wind in höheren Schichten als in Bodennähe weitergetragen wird. Das kommt dem Leoparden auf seinem erhöhten Ansitz zugute.

Aneignung fremder Beute

Wenn man ein Raubtier an einem Riß fressen sieht, ist es immer schwer zu sagen, ob es diese Beute selbst erjagt oder von einem anderen Tier übernommen hat. Bei Leoparden ist nur mit 5 bis 10 % Wahrscheinlichkeit damit zu rechnen, daß sie ihre Beute nicht selbst geschlagen, sondern von einem anderen Raubtier ,gestohlen' oder sie ,herrenlos' gefunden haben (Bertram 1979). Löwen fressen nach Schaller 1972 und Bertram 1979 10 bis 15 % und Hyänen sogar 33 % (Kruuk 1972) Fleisch von Beutetieren, die sie nicht selbst geschlagen haben.

Kruuk beobachtete, daß sich ein Leopard die Beute einer Tüpfelhyäne aneignete und auf einen Baum schleppte. Leoparden, die gewöhnt sind, von Löwen beherrscht und unterdrückt zu werden, sind meist zu ängstlich, um von anderen Raubtieren Beute zu übernehmen, meint Cullen 1969. Er betont aber, daß Leoparden sich mit Sicherheit Beute von Geparden aneignen. In den Records of Tanzania Parcs 1960 wird über die Aneignung einer von einem Geparden geschlagenen Thomsongazelle berichtet.

Die Übernahme kann aktiv erfolgen, indem der ,rechtmäßige' Besitzer unter Drohen vertrieben wird oder passiv, indem sich der Besitzer ohne gezielte Drohung verdrückt und dem biologisch stärkeren Raubtier die eigene Beute überläßt. Es kann sogar passieren, daß ein und dieselbe Beute mehrfach den Besitzer wechselt: Eine Gazelle, die von einem Geparden geschlagen wurde, konnte ihm nach einer Beobachtung von Kruuk 1972 durch eine Hyäne abgejagt werden. Diese ihrerseits wurde von einem Leoparden vertrieben. Als die überraschte Hyäne ihre Beute zurückerkämpfen wollte, floh der Leopard mit dem Riß auf einen Baum. Wenn es der Zufall will, kann schließlich ein Löwe die gefleckte Katze wiederum vertreiben, bevor diese den Riß auf einen Raum gebracht hat, und bleibt damit endgültig im Besitz der Beute.

Beutesicherung

Einen gewissen Prozentsatz der von Raubtieren gefressenen Beutetiere haben die daran Fressenden also einem anderen Raubtier abgenommen und den Riß gar nicht selbst geschlagen. Manchmal wird auch dem Leoparden seine selbst erlegte Beute von Löwen oder Tüpfelhyänen abgenommen (Kruuk 1972, Schaller 1972, Owens und Owens 1984a). Auch Geier holen sich gelegentlich Teile der Leopardenbeute. Der Gefleckte beugt einem solchem Raub seiner Beute durch zwei Maßnahmen vor. Bei der einen Methode bedeckt er seine Beutereste, wenn sie am Boden liegen, mit Gras, Zweigen oder Laub, indem er dieses bedeckende Material mit allen vier Beinen darüber scharrt. Bei unseren Leopardenbeobachtungen haben wir mehrfach ein derartiges Zuscharren, manchmal nur in angedeuteter Form, gesehen. Der Fotograf van Lawik 1977 sah eine Leopardin in Ostafrika, die nicht in der Lage war, ein geschlagenes Weißbartgnu auf einen Baum zu schleppen und es statt dessen scharrend mit Gras bedeckte.

In der Kalahari haben Du Bothma und Le Riche 1984 so etwas nie gesehen. Allerdings reißen die Leoparden dort kleinere Beutetiere, die sie meist schnell an Ort und Stelle verzehren. Außerdem sind Nahrungskonkurrenten dort selten. Das Verbergen und Zudecken der Beute wird zwar Hyänen, die Beute sehr gut geruchlich orten können, nicht davon abhalten können, sie zu übernehmen. Die bei der Beutesuche mehr optisch orientierten Löwen aber lassen sich gelegentlich täuschen und Geier werden dadurch oft ferngehalten. Die vom Himmel herabtropfenden Geier machen sonst im übrigen alle Beuteaneigner in der Umgebung auf einen Kadaver aufmerksam, so daß sich bald nach dem Landen einiger Geier an einem Riß vom Löwen bis zum Schakal alle möglichen Raubtiere sowie auch Marabus, Kampfadler, Gaukler und Milane einfinden. Leoparden schleppen ihre Beute über sehr unterschiedliche Distanzen fort. Bailey 1993 konnte feststellen, daß ein Impala 500 m und ein anderes 300 m weit fortgeschleift wurde, ehe sie im Busch versteckt wurden. Die meisten Risse trugen Leoparden nach seinen Beobachtungen weniger als 100 m weit weg. In der Kalahari haben Du Bothma und Le Riche 1984 beobachtet, daß eine Leopardin ihre Beute 742 m und ein anderes Mal 410 m weit fortbrachte. Smith 1977 berichtet über Strecken von 260 oder 120 m, über die längste Strecke wurde ein Rappenantilopenkalb getragen, nämlich über 1000 m. Ein Schaf wurde nach den Beobachtungen Stuarts 1986 sogar mehr als 3 km weit geschleppt.

Die andere, ‚einzigartige' Methode der Beutesicherung ist, sie auf einen Baum zu bringen, worauf schon Turnbull-Kemp 1967 hinwies und was von Houston 1979 ausdrücklich als Sicherung der Beute vor Aasfressern betont wird. Nach Guggisberg 1966-68 bleibt der Leopard bei seiner auf den Baum geschleppten Beute etwa zwei bis drei Tage in der Nähe. Er frißt den Riss von der Unterseite her an, bis schließlich nur noch Kopf, Hals und Rücken vorhanden sind. Die Beine bleiben meist an losen Hautstreifen am Rumpf hängen und pendeln dann hin und her. Wir selbst haben 1994 die fast völlig vom Fleisch gesäuberte

Wirbelsäule eines Impalas ohne Beine gesehen. Die Art war nur noch am Gehörn zu identifizieren. Manchmal erfolgt die Beutesicherung auf einem Baum durch die Leoparden in letzter Minute. Afrikanische Wildhunde waren nach Kingdon 1977 nur deshalb bei dem Versuch, einem Leoparden seinen Riß zu stehlen, erfolglos, weil dieser seine Beute gerade noch auf einen Baum bringen konnte.

Leoparden tun das umso wahrscheinlicher, je größer die Gefahr ist, daß ihnen ihr Riß abgenommen werden könnte. Wo also Löwen und Hyänen in großer Zahl vorhanden sind, sichern Leoparden ihre Beute in einem Baum. Daß Löwen dem Leoparden sogar auf Bäume folgen können, ist gelegentlich beobachtet worden. Downey 1953 sah im damaligen Tanganyika (heute Tansania) einen Leoparden, der eine frisch geschlagene Thomsongazelle auf einen Baum gebracht hatte. Durch die Annäherung des Beobachters ließ sich der Leopard nicht stören. Als aber von einem nahegelegenen Fluß eine Löwin herantrabte, brachte der Leopard seine Beute in die obersten Äste. Wie wichtig diese Situationseinsicht war, zeigte sich sofort, denn auch die Löwin sprang auf den Baum. In die dünnen, wenig tragfähigen Zweige der Baumkrone konnte sie jedoch nicht folgen. Sie sprang deshalb wieder auf die Erde. Sobald die Löwin außer Sichtweite war, schleppte der Leopard seine Beute auf einen anderen, größeren Baum. Es kommt durchaus vor, daß Löwen die bereits auf einen Baum

Auf Bäume geschleppte Beute ist sicher vor anderen Raubtieren

gebrachte Beute eines Leoparden übernehmen wollen. So berichteten Wildhüter von einem Löwen, der auf einen Baum kletterte, in dem ein Leopard seine Beute geschleppt hatte. Dadurch wurde der Leopard so nervös, daß er den Riß zu Boden fallen ließ. Der Löwe trug die Beute fort (Reports of the Tanzania National Parcs 1964). Ebenfalls in Tansania beobachtete ein Wildschutzbeamter einen Leoparden, der eine frisch geschlagene Thomsongazelle auf einem Baum in fast zehn Meter Höhe verkeilt hatte. Unter dem

Wenn Leopardenbeute monatelang im Baum hängt, vertrocknet sie

Baum warteten neun Löwen auf irgendeine Chance, etwas von der Beute zu erlangen. Als der Leopard nervös wurde, sprang er vom Baum und verschwand. Jetzt erklomm ein großer männlicher Löwe den Baum. Er war nicht in der Lage, die fest eingeklemmte Gazelle aus der Astgabel herauszubekommen. So zerriß er das Tier und machte sich mit den Hinterbeinen davon (Reports of the Tanzania Parcs 1957).

Sind in einer Leopardenregion keine Löwen und keine oder nur wenige Hyänen, schleifen Leoparden ihre Beute in ein Gebüsch. In der Kalahari fanden Du Bothma und Le Riche 1984 und im Matopos Nationalpark in Simbabwe fand Smith 1978, daß die meist kleinen Beutetiere vom Leoparden auf dem Boden verzehrt wurden, zumal es dort wenig Aasfresser und andere Raubtiere gibt. Es wurde dort auch nicht beobachtet, daß Leoparden ihre Beutereste mit Pflanzen bedecken, wohl aber schleppen sie ihre Beute in dichte Büsche. Leoparden sind in der Lage, Beute bis 50 und 60 kg auf Bäume zu tragen und sie überwinden dabei oft 5 bis 10 m, um die Beute in einer Astgabel zu verkeilen. Wir haben selten gesehen, daß ein so eingekeiltes Beutetier herunterrutscht. Beim Fressen dagegen können gelegentlich Teile vom Riß herunterfallen und schließlich kann die Beute auch zerfallen. Das gilt umso mehr, als Leoparden ihre Beutetiere oft länger als eine Woche im Baum halten und das Fleisch zu verfaulen beginnt oder manchmal von Fliegenmaden durchsetzt sein kann und dann nach und nach in Stücken vom Baum fällt. An mehreren Stellen in Tansania und Kenia haben wir über viele Monate in der Sonne getrocknete Reste von Haut und Knochen in den Bäumen hängend immer wieder gefunden.

Hin und wieder haben wir gesehen, daß Leoparden ihre Beute von einem Baum zum anderen tragen. Dabei ist schwer zu entscheiden, ob ihnen der bisherige Aufbewahrungsort als zu unsicher erschien, ob die Leoparden häufig durch vorbeiziehende Großtiere gestört wurden oder ob die Äste zu unbequem für die Ruhelage waren. Viele Leoparden schlagen und ruhen nämlich auf dem gleichen Baum, in den sie ihre Beute geschleppt haben. Andere dagegen verlassen konsequent nach Ende der Mahlzeit den Baum mit der Beute und ruhen an einer anderen Stelle manchmal auf einem anderen Baum, manchmal im Gebüsch oder in einer Felsenschlucht.

Eine ganz ungewöhnliche Form der Beutesicherung beschreibt Stevenson-Hamilton 1912. Er beobachtete, daß ein Leopard ein am Hals gepacktes Impala schwimmend durch den Sabifluß in Südafrika auf eine der im Fluß gelegenen Inseln verbrachte.

Trinken

Leoparden trinken wie die meisten Katzen, indem sie das Wasser mit der löffelartig geformten Zunge in das Maul hinein ‚löffeln'. Oft bleibt der Hinterkörper bei gestreckten Hinterbeinen in Normalstellung und nur die vorderen Körperpartien werden heruntergebeugt, damit die Lippen das Wasser erreichen. Oft werden aber auch die Hinterbeine gebeugt, sodaß die Tiere dann in Bauchlage trinken.

Das Trinkbedürfnis der Leoparden ist von Region zu Region, aber auch von Individuum zu Individuum unterschiedlich. Wenn die Gelegenheit zum Trinken besteht, nutzen Leoparden diese täglich oder alle zwei Tage. Wir selbst haben 1984 einmal an einer Tränke in der Etoschapfanne in Namibia ein und denselben Leoparden zweimal im Abstand von etwa sechs Stunden zur gleichen Tränke kommen sehen. Freilich blieb bei unserer Beobachtung ungeklärt, ob der Leopard beim ersten Trinken um 7.30 Uhr gestört wurde. Zu dieser Zeit näherte sich eine Junggesellengruppe von Großen Kudus der Tränke aus jener Richtung, aus der der Leopard gerade gekommen war. Als der Leopard gegen 14.00 Uhr erneut zur Tränke kam – aus einer anderen Richtung – herrschte absolute Ruhe am Wasserloch und er nahm sich viel Zeit zum Trinken. 1972 beobachteten wir einen Leoparden in der Serengeti, der zu einem Wasserloch schlenderte, in dessen Mitte zwei Kronenkraniche standen. Sie sahen der großen Katze sehr aufmerksam mit gereckten Hälsen entgegen. Der Leopard begann zu trinken, die Vögel blieben zunächst aufmerksam, aber bewegungslos im Wasser stehen. Plötzlich begannen die Kronenkraniche ihren sehr lebhaften Balztanz. Der Leo-

pard sprang blitzschnell in die Büsche und verschwand, bevor er sich satt getrunken hatte. Nach Haltenorth 1977 sollen Leoparden monatelang ohne zu trinken auskommen. Im allgemeinen bevorzugen sie Streifgebiete mit ständigen Wasservorkommen, besonders gern entlang von Flüssen. Du Bothma und Le Riche 1984 halten Leoparden in der Kalahari für unabhängig von Wasservorkommen. Diese Autoren 1982 beobachteten im Inneren des Kalahari Nationalparks in Südafrika 15 Tage lang eine Leopardin mit Jungen. Sie trank während dieser Zeit überhaupt nicht, ebenso nicht während einer Beobachtungszeit von acht Tagen im Nossobtal der Kalahari. Dreizehn männliche Leoparden wurden in der Kalahari durchschnittlich alle drei Tage beim Trinken beobachtet, einer allerdings trank über zehn Tage lang nicht.

Verhalten gegenüber Feinden

Erwachsene Leoparden sind äußerst vorsichtig und vermeiden – wenn es ihnen irgendwie gelingt – jedes Zusammentreffen mit anderen Raubtieren. Vor allem Löwen sind ihnen gefährlich, vor denen fliehen sie sofort ins Dickicht, in Felshöhlen oder auf Bäume.

Aus einer Reihe von Indizien haben wir selbst den dringenden Verdacht, daß eine junge Leopardin im Alter von 12 Monaten von einer Löwin getötet wurde (vgl. Anhang und Pölking 1995). Wir fanden die junge Leopardin am frühen Morgen tot in der offenen Grasfläche liegen. Ihre Verletzungen, Bißspuren und Fußabdrücke rund um die tote Leopardin herum deuteten auf eine Begegnung mit einer Löwin hin, die 500 m entfernt gesehen wurde. Diese Löwin war mit der gleichen schwarzen, inzwischen getrockneten schlammigen Erde überkrustet, die am Ort der tot aufgefundenen Leopardin vorhanden war. Das rechte Auge der Löwin war verschwollen und sie hatte blutige, offensichtlich von Krallen erzeugte Wunden unter dem Auge. Außerdem hatte sie sich 50 m von der toten Leopardin entfernt hingelegt und dort zwei Stunden ausgeharrt. Das ist bei Löwen oft zu beobachten, wenn sie eine geschlagene Beute bewachen.

1987 beobachteten wir eine Leopardin eineinhalb Stunden auf einem Baum in der Paradise genannten Gegend des Masai Mara Nationalreservats in Kenia. Gerade als sie diesen verlassen wollte, erschienen in 300 m Entfernung vier Löwen. Die schon im Abstieg vom

Ein soeben von einer Löwin getötetes Leopardenkind

Baum begriffene Leopardin erklomm erneut ihren verlassenen Ruheplatz und verbrachte dort weitere 25 Minuten. In dieser Zeit beobachtete die Leopardin erregt und wie gebannt die Löwen und ließ diese nicht aus den Augen. Erst als die Löwen weiterzogen und in einem 1.500 m weit entfernten Buschgelände verschwanden, traute sie sich herunter und ging in der den Löwen entgegengesetzte Richtung davon. Schaller berichtet 1972 von einer Beobachtung Turners, die dieser ihm mündlich mitgeteilt hatte, daß ein Löwe am 17.9. 1960 ein wahrscheinlich sechs Wochen altes Leopardenbaby getötet habe. Nach Kruuk töteten 1972 Löwen einen Leoparden, ohne ihn zu fressen. Turnbull-Kemp 1967 berichtet, daß Löwen gelegentlich Leoparden getötet hätten. Daß Löwen Leoparden jagen, ist öfter beschrieben worden, z.B. von Bailey 1993. Schaller 1973 kannte in seinem unmittelbaren Arbeitsgebiet in der Serengeti drei Jahre lang einen männlichen und zwei weibliche Leoparden sehr genau. Ein Weibchen wanderte ab, das andere wurde von Löwen tödlich verletzt. Im Krüger Nationalpark in Südafrika wurden von 1936 bis 1946 und von 1954 bis 1966 sechs Leoparden von Löwen getötet, wie Pienaar 1969 berichtet. Ein offenbar ausgehungerter Leopard, der an einem Löwenriß fraß, bemerkte nicht, daß sich ein großer Mähnenlöwe näherte. Dieser ergriff den Leoparden und tötete ihn durch Nackenbiß (Downey 1959). Bei Seronera im Serengeti Nationalpark hatten 1961 Löwen einen Leoparden auf einen Baum gejagt. Als dieser herunterzukommen versuchte, scheuchten ihn die Löwen wieder hinauf, erwischten aber einen Jungleoparden, der sich offenbar im Gras versteckt hielt und rissen ihn in Stücke (Reports of Tanzania Parcs 1961).

Tüpfelhyänen können gefährliche Feinde sein, besonders, wenn sie einem Leoparden ungesicherte, also noch nicht auf einen Baum verbrachte Beute abnehmen. In vielen Jahren haben wir öfters diese beiden Raubtierarten aufeinandertreffen sehen, leider haben wir solche relativ häufigen Episoden nicht immer protokolliert. Wer bei derartigen Begegnungen die Oberhand behielt, war immer verschieden und aus unserer menschlichen Sichtweise oft nicht vorhersehbar. Manchmal ergriffen – selbst wenn sie in kleinen Trupps auftraten – die Tüpfelhyänen schon beim Anblick des Leoparden die Flucht. Über die Verschiedenartigkeit solchen Aufeinandertreffens berichtet u.a. Pölking 1995. Generell kann man sagen, Leoparden haben vor einzelnen Tüpfelhyänen keine Angst, vor mehreren ziehen sie sich zurück. Beim Zusammentreffen von Leoparden und Tüpfelhyänen an einem Riß hat Bailey 1993 selten aggressives Verhalten beobachtet. Normalerweise warteten die Tüpfelhyänen unter einem Baum, auf dem ein Leopard fraß. Wenn Leoparden zu ihrer Beute auf dem Baum kamen, wichen die Tüpfelhyänen aus. Bailey 1993 hat aber auch beobachtet, daß zwei Tüpfelhyänen von ein und demselben Leoparden getötet und gefressen wurden. Eine der getöteten Tüpfelhyänen hatte der Leopard sogar auf einen Baum geschleppt. Derselbe Leopard griff zwei Tüpfelhyänen an, die von seinem Warzenschweinriß fressen wollte. Beide Tüpfelhyänen entkamen. Kruuk 1972 hat einmal beobachtet, wie zwei Tüpfelhyänen einen Leoparden von seinem Gazellenriß vertrieben und diesen dann fortschleppten. Nicht immer bleibt der Leopard bei Auseinandersetzungen mit Tüpfelhyänen Sieger. Pienaar 1969 hat im nördlichen Krüger Nationalpark in Südafrika gesehen, daß eine Tüpfelhyäne einen jungen, fast voll ausgewachsenen Leoparden forttrug. Ebenfalls dort untersuchten auch Henschel und Skinner 1990 die Herkunft der Beutetiere, an denen Tüpfelhyänen fraßen. Nur 2 % der Kadaver waren von Leoparden entwendet. Zweifellos hängt das damit zusammen, daß Leoparden die Beute meist schnell auf einen Baum schaffen. Reste von Leopardenjungen fand Stevenson-Hamilton 1947 im Magen von Tüpfelhyänen.

Auch mit Geparden können Leoparden für beide Teile unangenehme Auseinandersetzungen haben. 1989 sahen wir im Masai Mara Nationalpark in Kenia eine ausgewachsene Ge-

Drohgesicht eines Leoparden, der vor einer angreifenden Leopardin in ein Erdferkelloch geflüchtet ist

pardin, die ihre Jungen hinter sich zurück ließ, um einen Leoparden mit hoher Geschwindigkeit zu verfolgen. Der Leopard rettete sich in ein Erdferkelloch, während die Gepardin 50 m entfernt wartete. Jedesmal, wenn sie sich näherte, verschwand der Leopard im Loch. Von Zeit zu Zeit steckte er den Kopf aus der sehr engen Höhle und fauchte die Gepardin an. Nach fast einer Stunde floh der Leopard in hohen Sätzen, die jetzt nicht mehr sehr aufmerksame Gepardin verfolgte ihn nun nicht weiter. In etwa 800 m Entfernung stand in der sehr baumarmen Grassavanne ein einzelner Baum, auf den sich der Leopard rettete.

Ein Leopard, dem zwei etwa drei Monate alte Geparde folgten, jagte diese mehrfach und erwischte einen der Jungen. Insgesamt hat das keinen Einfluß auf die Sterblichkeit der Gepardenkinder: Von 65 Jungen, die im Serengeti-Ökosystem von Raubtieren erbeutet wurden, gehen nur 1,5 % auf das Konto von Leoparden (Caro 1994). Dramatisch war der Ausgang einer Begegnung eines Leoparden mit einer Gepardin, der fünf kleine Junge folgten. Auszugsweise sollen die Beobachter Pölking und Rosing 1993 zu Worte kommen:

„Die Gepardin lag völlig entspannt im Graben, die fünf Jungen saugten – bis plötzlich die Gepardin wie vom Blitz getroffen aufsprang und davonrannte. 20 Meter wieter kam sie aus dem Graben heraus – und jagte einen Leoparden vor sich her. Die wilde Jagd ging um etliche Bäume und über freie Flächen und manchmal standen sie fast voreinander. Zwischen Angriffen, Scheinangriffen, lautem Jammern und Harnen der Gepardin beobachteten sich die beiden Katzen, etwa 300 Meter von der Kinderstube entfernt, aus vielleicht 20 – 50 Meter Entfernung rund eine Viertelstunde lang ... Es war nur ein Aufschub: Vier Tage später fand man die Gepardin früh am Morgen schwer verletzt neben ihren totgebissenen Jungen liegen. Der Leopard hatte die Kleinen getötet und die Mutter tödlich verwundet ... Zwei Tage später starb die Gepardin."

Hyänenhunden gegenüber richtet sich das Verhalten der Leoparden nach deren Anzahl. Vor einer größeren Gruppe verhalten sie sich nicht aggressiv und fliehen, notfalls auf Bäume. Im Krüger Nationalpark in Südafrika nahmen einmal vier Hyänenhunde einem Leoparden ein frisch geschlagenes Impala ab. Der Leopard floh, kam jedoch dann „plötzlich zurück, sprang grollend zwischen die Hunde, packte die Beute und brachte sie auf einem Baum in Sicherheit, während die Hunde unten winselnd umhersprangen" (Guggisberg 1966-68).

Leopardenmütter mit Jungen verhalten sich Feinden gegenüber anders, als wenn sie allein auf solche treffen. Junge Leopardenbabys sind unfähig, vor Raubtieren auszuweichen (Bailey 1993). So sah Turner 1960 am Seronerafluß in der Serengeti, wie Löwen zwei 6 Wochen alte Jungleoparden aus einem Grasbüschel holten, während die Leopardenmutter ihr Junges im Alter von 6 Monaten bei Gefahr auf einen Baum ‚schickte', während sie selbst am Boden blieb. Bailey gibt zu, daß er geringe Kenntnisse von der Mutter-Kind-Beziehung bei Leoparden erwerben konnte, weil Leopardenmütter so scheu waren und ihre Jungen versteckten.

Bei der Begegnung mit einer Tüpfelhyäne grollte eine von Hinde 1992 beobachtete Leopardin diese an, während sie ihre etwa drei Monate alten Kinder veranlaßte, unverzüglich auf einen Baum in die äußersten Zweige zu klettern, während sie selbst sich auf einen anderen Baum zurückzog. Zehn Minuten, nachdem die Hyäne verschwunden war, kamen alle drei Leoparden wieder herunter.

Paviane und Tüpfelhyänen können zwar im allgemeinen ausgewachsenen Leoparden nichts Lebensbedrohliches antun, sie jedoch dennoch feindlich behandeln, wie wir es 1994 im Masai Mara Nationalreservat beobachteten: Einer Leopardin, die mit ihrem Jungen auf dem Boden ruhte, näherte sich plötzlich bis auf fünf Meter Entfernung ein Pavian. Beide Seiten waren vom Aufeinandertreffen überrascht. Der kleine Leopard flüchtete erstaunlich schnell und sicher auf den nächststehenden hohen Baum, während die Mutter hinter dem Pavian herjagte und dann verschwand. Zwei Stunden später tauchte sie wieder auf, während das Junge noch immer hoch im Baum saß. Sie brachte einen erbeuteten Kaphasen mit. Als sie noch etwa dreißig Meter vom Baum, auf dem ihr Junges hockte, entfernt war, tauchte eine Tüpfelhyäne auf und die Leopardin sprang mit dem erbeuteten Hasen auf einen anderen Baum. Nachdem die Tüpfelhyäne weitergezogen war, kam die Leopardin mit der Beute vom Baum herunter, lockte das Kleine herbei, beide verzehrten gemeinsam den Hasen auf dem ebenen, grasigen Boden.

Auch wehrhafte Beutetiere können Leoparden gefährlich werden. Eloff 1973 berichtete, daß in der Kalahari ein Spießbock einen Leoparden tötete. Nach Turnbull-Kemp 1967 wurde ein erwachsener Leopard von einem Python ausgespien.

Sozialverhalten

Auf den ersten Blick erscheint das Sozialverhalten des Leoparden nicht besonders facettenreich. Er führt ein ausgesprochen einzelgängerisches Leben. Das bedeutet jedoch keineswegs, daß die einzelnen Tiere in aneinanderstoßenden oder sich überlappenden Streifgebieten nicht miteinander in Kontakt stehen. In der Realität haben Leoparden einander viel mitzuteilen und daraus resultieren Verhaltensweisen, die eben das für uns Menschen wenig auffällige Sozialleben dieser Art ausmachen. Sieht man von den wenigen Tagen ab, an denen eine Leopardin im Östrus ein Männchen anzieht und auch in ihrer Umgebung duldet, setzen erwachsene Leoparden alles daran, einander nicht zu begegnen. Dabei können zwei Individuen sehr dicht beieinander leben und ihren täglichen verschiedenen Bedürfnissen nachgehen. Die Streifgebiete benachbarter Leopardinnen überlappen sich – wie wir auf S. 32 berichteten – erheblich. Die viel größeren Streifgebiete männlicher Leoparden können sich mit denen mehrerer Weibchen überschneiden. Mit den Mitteln, die wir beim Markierverhalten (s.S. 32) beschrieben haben, geben alle benachbarten Leoparden einander häufig sehr detaillierte Auskünfte über ihren Aufenthalt, ihren Status, ihre sexuelle Aktivität, ihren Gesundheitszustand und vieles andere. Während Tierarten, die in sozialer Gemeinschaft leben, solche Signale vielfach dazu benutzen, sich aneinander zu binden und möglichst problemlos miteinander zu leben, ist das bei Leoparden gerade umgekehrt. Sie informieren einander darüber, wie jeder von ihnen es anstellen muß, dem anderen unter keinen Umständen zu begegnen. Jeder Leopard wird alles daran setzen, um nicht mit einem Artgenossen zusammenleben zu müssen.

Wir haben 1970 an einem Morgen im westlichen Teil des Nairobi Nationalparks auf einem Gebiet von 4 x 5 km neun Leoparden gesehen. Davon war einer eine Mutter mit vier (das ist unser bisheriger Rekord!) fast einjährigen Jungen, die in dem gesamten Gebiet umherstreiften. Ein Bild dieser fünf Leoparden ist in einem früheren Buch (Hagen 1976) veröffentlicht. Das Negativ dieser Schwarzweißfotografie ist leider verloren gegangen. Wir haben diese Leopardenfamilie auch in den nächsten Tagen mehrfach dort gesehen. Drei andere Leopardinnen und ein Männchen lebten in der gleichen Gegend. An ein und demselben schattigen Platz im Gras sahen wir an zwei verschiedenen Tagen je eine andere Leopardin. Nur wenige hundert Meter entfernt lag an einem Tag ein männlicher Leopard unter dem gleichen Baum, den tags zuvor ein weiblicher Leopard zum Ruheplatz auserkoren hatte. Intensive Suche nach dieser gestern dort gesehenen gefleckten Großkatze blieb erfolglos. Viele Stunden verbrachten die beobachteten Leoparden an ihren Plätzen ohne jede Begegnung mit Artgenossen. Offensichtlich überschnitten sich in diesem Kerngebiet die Streifgebiete aller Leoparden. Jeder einzelne von ihnen nutzte die gleichen Ruheplätze, wenn diese gerade ‚frei' waren. Dennoch blieben sie stets strikt voneinander getrennt.

Bailey 1993 hat bei seinen Untersuchungen an Leoparden, die er mit Radiohalsbändern markiert hatte, festgestellt, daß zwei Individuen oft stundenlang in kürzesten Entfernungen voneinander verschiedenen Tätigkeiten nachgingen, ohne einander zu begegnen. Dabei ist durchaus anzunehmen, daß Leoparden von der unmittelbaren Nähe von Artgenossen ‚wissen', einander vielleicht sogar hören oder riechen können. Bei offenem Gelände können sie einander sogar gelegentlich sehen.

Typische Haltung beim markierenden Harnverspritzen

Sowohl 1987 und 1991 im Samburu Reservat wie auch 1988 bis 1991 im Masai Mara Nationalreservat – beide in Kenia – haben wir gesehen, daß Leoparden in Sichtweite voneinander auf verschiedenen Bäumen lagen und beim Verlassen der Bäume alles daran setzten, einander nicht in die Quere zu kommen. In Gegenden mit sehr viel geringerer Leopardendichte ist natürlich die Chance, daß Leoparden einander begegnen, klein. Dennoch darf man annehmen, daß jeder zumindest grob orientiert ist, wo sich der Nachbar gerade aufhält. Schließlich müssen Männchen und Weibchen zur Paarung ja aufeinandertreffen und bei der kurzen Zeit des Östrus die wenigen Tage der Paarungsbereitschaft der Weibchen auch voll für wiederholte Paarungen nutzen. Das wäre nicht möglich, wenn nicht viele Möglichkeiten existieren, dies ,Sozialleben auf Distanz' zu führen.

Man könnte verstehen, wenn spezielle Verhaltensweisen für den direkten Umgang mit Artgenossen beim Leoparden unterentwickelt sind. Offenbar ist das Gegenteil der Fall. Das zeigt sich z.B., wenn Leoparden einander unerwartet begegnen und sich gleich stark fühlen. Dann kommt es zum Drohverhalten mit entsprechender Drohmimik und Drohlauten. Wenn das nicht ausreicht, den Kontakt zu vermeiden, d.h. wenn nicht einer der beiden die Flucht ergreift, kann es in seltenen Fällen zu tödlichen Auseinandersetzungen kommen. Diese haben weitgehend denselben Charakter wie Kämpfe bei anderen Katzenartigen. Es wird unter Knurren und Fauchen gebissen, die Kämpfer schlagen mit vorgestreckten Krallen aufeinander ein. Die Angriffe richten sich gegen Kopf, Hals und Brustpartien. Schläge mit den Pranken werden immer von oben geführt. Eine hoch erhobene Pranke mit angedeutetem Leerlaufschlagen in die Luft, aber schon in Richtung auf den Gegner, ist daher auch ein äußerst ernsthaftes Drohsignal. Es ist sozusagen die letzte Möglichkeit, einem Kampf aus dem Weg zu gehen (vgl. Kap. Drohgesicht). Es gibt einige Berichte, daß

77

sich Leoparden gegenseitig töteten, so wurde beispielsweise am Kamboyoberg in Kenia eine alte Leopardin mit einem Schädelbruch gefunden, den ihr ein männlicher Artgenosse zugefügt hatte (Reports of Kenya Game Department 1958). Beim Streit um ein erbeutetes Impala wurde ebenfalls ein weiblicher Leopard von einem männlichen umgebracht (Reports of Kenya Game Department 1954).

Ein anderer Teil des Sozialverhaltens der Leoparden spielt sich zwischen Mutter und Kind ab. Wir berichten darüber in einem gesonderten Kapitel. Auch dieses Verhalten trägt die charakteristischen Züge wie bei allen Mitgliedern der Familie der Katzen. Allein zur Bewerkstelligung dieser recht lange dauernden Periode der äußerst innigen und liebevollen Mutter-Kind-Bindung sind umfangreiche Ausdrucksmittel erforderlich. Die wechselseitige Verständigung erfolgt auf optischem, geruchlichem, lautlichem und vor allem auch taktilen Wege.

Doch zuvor werden wir im folgenden Kapitel das Fortpflanzungsverhalten beschreiben, schließlich geht die Fortpflanzung dem Mutter-Kind-Verhalten voraus. Vor allem nimmt das Fortpflanzungsverhalten eine Mittelstellung ein zwischen dem auf Distanz abzielenden Sozialverhalten der erwachsenen Leoparden und den innigen Kontakten, die Mutter und Kind untereinander aufrecht erhalten. Gerade die Gegensätzlichkeit der Distanzierung von erwachsenen Leoparden gegenüber anderen erwachsenen Artgenossen einerseits und die starke Mutter-Kind-Bindung andererseits umspannt den weiten Bogen der vielfältigen Möglichkeiten des Verhaltens der gefleckten Großkatze.

Fortpflanzungsverhalten

In der Tab. 7 haben wir einige wichtige Daten zur Fortpflanzungsbiologie zusammenge-stellt. Schwankungen in den Abgaben können auf biologischer Variabilität beruhen, aber auch durch die unterschiedlichen Umstände erklärbar sein, unter denen die wenigen ver-läßlichen Beobachtungen durchgeführt wurden.

Die Paarungsbereitschaft der Leopardin dauert 6 bis 7 Tage (Sadlier 1966) oder 7 Tage (Estes 1991). Tritt keine Trächtigkeit ein, wiederholt sich der Östrus alle 25 bis 28 Tage (Estes 1991). Zuvor gibt die Leopardin ihre Paarungswilligkeit allen Männchen bekannt, deren Territorien sich mit ihrem Streifgebiet überschneiden. In großer Unruhe durchstreift sie für die Ankündigung ihrer Kopulationsbereitschaft vor allem das Kerngebiet ihres Streifgebietes. In diesen Tagen markiert sie unzählige auffällige Punkte, wie Bäume, Fel-sen, Felsbrocken, Büsche oder Grasbüschel. Dabei verspritzt oder versprüht sie waagerecht nach hinten oder – beim Markieren von Grasbüscheln – nach unten Urin. Danach findet meist ein Bodenkratzen mit den Hinterpranken statt. Wir selbst haben das keineswegs im-mer beobachtet. Nicht selten wälzen sich brünstige Leopardinnen in den Harnstellen männlicher Leoparden. Sie rollen sich dabei auf solchen Duftmarken im Gras über den Rücken und versuchen, große Teile des Fells mit dem Geruchsfleck auf dem Boden in Be-rührung zu bringen. Die Bezeichnung ‚Rolligkeit' für dieses Verhalten ist sehr treffend. Die-ses Verhalten verselbständigt sich mit zunehmender Höhe des Östrus soweit, daß es nicht

Das Wälzen im Gras auf Duftmarken ist mit ‚Rolligkeit' gut bezeichnet

nur an Plätzen ausgeführt wird, die mit Harn imprägniert sind. Man erkennt das daran, daß diese Plätze für das Rolligkeitsverfahren anfangs geruchlich – oft nach sehr ausgeprägtem Schnüffeln – ganz gezielt aufgesucht werden. Später findet dieses Verhalten an allen möglichen Stellen ohne vorheriges Riechen statt, z.T. so intensiv, daß die Leopardin ihren liegenden Körper seitlich über den Erdboden schiebt und mit der unten befindlichen Wange einen festen Kontakt mit dem meist grasigen Boden behält.

Diese Harnmarkierungen der Leopardin signalisieren den Männchen, die unter Flehmen daran riechen, wie weit es mit dem Östrus der rolligen Leopardin ist. Auf der Höhe ihrer Brunst duldet die Leopardin dann das Männchen in ihrer Nähe. Auch durch Rufen kündet eine Leopardin ihre Brunststimmung an (Hinde 1991). Werbeverhalten ist bei Leoparden kaum ausgeprägt. Die Partner finden sich geruchlich, brünstige Weibchen brüllen, was – in gleicher Lautstärke – sonst außerhalb der Brunstzeit kaum zu hören ist. Gelegentlich kommt es zwischen den Partnern zum Wangenreiben (Estes 1991). Nach Hinde 1993 ist ein gewisser Grad „schmeichelnder Annäherung" des Partners nötig. Die eigentliche Kopula ist in freier Wildbahn selten beobachtet worden. Derselbe Autor berichtet – aufgrund eigener, perfekt fotografierter Beobachtungen – Einzelheiten über die Paarung und betont auch, daß diese mit allerlei Lautäußerungen zuginge. Während die von Hinde beobachteten Leoparden drei Tage lang kopulierten, geben Du Bothma und Le Riche 1989 an, das vier von ihnen beobachtete Leopardenpaare nur maximal vier Stunden beisammen blieben. Baker 1982 wurde im Aberdares Nationalpark in Kenia Zeuge einer Leopardenpaarung. Das Männchen – doppelt so groß wie das Weibchen – kopulierte viermal in einer Stunde, wahrscheinlich sogar noch öfter, was im dichten Buschwerk allerdings nicht zu sehen war. Aber der Autor hörte dieselben sich steigernden Laute des heftigen Grollens im Busch, die er vorher bei der Paarung im Freien gehört hatte. Die Aufforderung zur Kopula

Ein männlicher Leopard nähert sich einer Leopardin, die in Hitze ist

ging vom Weibchen aus, das sich vor dem Männchen in Begattungsstellung brachte. Nach dem Nackenbiß sprang das Männchen von seiner Partnerin herunter, die nach den Worten des Autors mit geschlossenen Augen „ein merkwürdiges Grinsen" zeigte. Beobachtungen von Paarungen bei Leoparden gehören zu den Seltenheiten. Schaller 1972 ist während seiner Forschungsarbeit in der Serengeti 155mal Leoparden begegnet, nur dreimal waren diese paarweise vergesellschaftet, zweimal in Paarungsstimmung, einmal an einem Riß. Das Ehepaar U. und M. Dausch beobachteten im Juli 1994 im Nakuru Nationalpark Leoparden bei der Kopula, die im Gras stattfand (pers. Mitt. 1994). Die sehr erfahrenen und aufmerksamen Beobachter hörten dabei keinerlei Lautäußerungen. Im unmittelbaren Anschluß an die Paarung erkletterten die beiden Tiere eine große Fieberakazie. U. Dausch fotografierte, wie das Weibchen intensiv das große Männchen zu einer erneuten Begattung auf dem Baum aufforderte. Dieses Paarungsangebot fand jetzt unter lautem Grollen des Weibchens statt, die Leopardin bot dabei auf dem dicken Ast dem Männchen ihr Hinterteil an. Nachdem das keinen Erfolg zeigte, fauchten sich beide Kopf an Kopf an. Dann sprang das Weibchen über die ganze Länge des Körpers des Männchens. Eine erneute Kopulation blieb jedoch aus.

Bailey 1993 hat durch Radiotelemetrie 13 Kopulationen von Leoparden registriert. Nur in 15 % sind danach Junge gefunden worden. Einzelheiten über den Ablauf der Kopulationen hat er nicht beobachtet.

Die von uns beobachteten Leopardengeschwister (s. Anhang) trainierten das Paarungsverhalten und konnten dabei von uns im 4. und im 12. Lebensmonat beobachtet werden. Die ‚Gefahr' einer Geschwisterpaarung unter geschlechtsreifen Tieren ist in der freien Natur unter normalen Bedingungen äußerst gering. Einerseits entfernen sich Geschwister, wenn sie erwachsen sind, räumlich weit voneinander, die Männchen wandern in ihrem Aufzucht-

gebiet meist viel weiter weg als die Weibchen. Andererseits gibt es bei vielen Säugetierarten insofern eine Inzuchthemmung, als gemeinsam miteinander aufgewachsene oder in der gleichen Herde, im gleichen Rudel lebende Tiere den Geschwistern und Alttieren ein stark vermindertes sexuelles Interesse entgegenbringen.

Der Abstand zwischen zwei Würfen wurde von Schaller 1972 mit 20 und 25 Monaten angegeben. Bailey 1993 beobachtete, daß zumindest zwei Weibchen erst mit 30 Monaten sich von ihren Jungen getrennt haben, im Durchschnitt betrugen bei den von ihm beobachteten Würfen die Abstände dazwischen 28,8 Mon., nämlich zweimal 24 Mon., zweimal 30 und einmal 36 Mon. Le Roux und Skinner 1989 fanden einen zeitlichen Zwischenraum von 3 Jahren. Die von uns beobachtete Leopardin hatte ein Intervall zwischen der Geburt von Beauty und den Geschwistern Taratibu und Mang'aa von 12,5 Mon. Le Roux und Skinner fanden im Durchschnitt 17,1 Monate zwischen zwei Geburten. Nach Schallers 1972 Beobachtungen betrug der Abstand 24 und 25 Mon. In Israel wurden von Ilany 1986 und 1990 viele Einzelheiten der dort von der Ausrottung bedrohten Leopardenunterart untersucht. U.a. wurde dabei festgestellt, daß drei männliche Leoparden innerhalb von neun Jahren elf Junge getötet haben. Inzucht spielt bei dieser Population sicher eine wichtige Rolle. Zwei Mütter wurden z.B. jeweilig von ihren eigenen Söhnen befruchtet. Ob das Töten der Jungtiere in die Verhaltensweise des Infantizids eingeordnet werden muß, erscheint angesichts der geringen Zahl von Beobachtungen, aber auch bei der Eigenart des Sozialverhaltens der Leoparden fraglich. Bekanntlich töten im Rahmen dieses Infantizid genannten Verhaltens männliche Tiere den nicht von ihnen selbst gezeugten Nachwuchs von Artgenossinnen, mit denen sie sich selbst vermehren wollen. Viele Kriterien, die dem Infantizid einen biologischen Sinn geben, entfallen beim Leoparden allein aufgrund der völlig anderen Sozialstruktur dieser Tierart im Vergleich mit anderen infantizidbetreibenden Arten, wie z.B. den Löwen.

Mutter-Kind-Verhalten

Die Jugendentwicklung weist eine erhebliche Schwankungsbreite auf. Das hängt nicht nur mit der Eigenentwicklung der Jungtiere sondern auch mit den Fähigkeiten der Mutter zu fürsorglichen Verhaltensweisen zusammen. Bei Leopardenmüttern wächst die Erfahrung von Wurf zu Wurf. Immer wieder erstaunt den Beobachter die unterschiedliche Situationseinsicht einer Leopardin. Eine bei der Aufzucht erfolgreiche, gute Mutter kann viele Einzelheiten der Gefährdung ihrer Jungen erfassen. Felshöhlen mit engen Eingängen sind für die Jungtiere als sichere Verstecke besser geeignet als Dickichte aus Busch oder gar Gras. Höhlen in Korongos können überflutet werden, das muß eine Leopardenmutter im Voraus ,bedenken'. Damit muß sie Wetter- und Klimavoraussagen kennen. Die Nähe eines Wasserloches ist zwar für das Trinkbedürfnis der Mutter günstig, dennoch nicht immer ,unkritisch' als Vorteil zu werten. Eine Tränke zieht nämlich auch andere Tiere an, auch solche, die den Jungen gefährlich werden können. Der Schutz der Jungen ist eine schwere Aufgabe für die Leopardenmutter. Er beruht auf Erfahrungen und gewissen Fähigkeiten zur Voraussicht. Normalerweise bringen Leopardinnen nur ein oder zwei Junge bis zur völligen Reife durch.

Wie ja bereits mehrfach betont, gehören Leoparden zu den scheuesten Großtieren überhaupt. Einblicke in ihre allgemeinen Verhaltensweisen sind schon schwierig zu erlangen, die Mutter-Kind-Beziehungen spielen sich in noch ausgeprägterer Verborgenheit ab. Außer den Schilderungen von Scott 1985 und Pölking 1995 über jeweils eine Einzelbeobachtung findet man in der Literatur keine zusammenhängenden Beschreibungen der Jungenaufzucht, es gibt immer nur mehr oder minder schlaglichtartige Einblicke in diesen Verhaltenskomplex. So bringt das klassische Bestimmungsbuch von Dorst und Dandelot 1970 nur ein paar unverbindliche Angaben. Die Feldführer von Happold 1973 über Westafrikanische Großtiere, von Ansell 1960 über die Säugetiere von Nordrhodesien, von Smithers 1966 über die Tiere von Simbabwe, Sambia und Malawi, von Smithers 1983 über die Südafrikanische Subregion widmen dem Thema kaum ein Wort. Auch Estes 1992 spart das Thema aus, während er 1991 zumindest noch erwähnt, daß das Band zwischen Mutter und Kind eng ist, so daß beide bis zur Halbwüchsigkeit am gleichen Riß fressen. Er berichtet von einer Mutter, die ein Impala oder eine Thomsongazelle schlug und ihre Tochter dazu holte. Petzsch 1968 führt aus, daß junge Leoparden von ihren Müttern vorzüglich versorgt und verteidigt werden. Die Angaben von Bailey 1993 in seiner sonst umfangreichen Bearbeitung des Afrikanischen Leoparden sind, soweit sie das Mutter-Kind-Verhältnis betreffen, sehr kümmerlich, er hat offenbar wenig Einzelheiten selbst beobachtet. Smithers 1983 erwähnt, daß junge Leoparden in ihren ersten Stadien von der Mutter häufig von einem Versteck zum anderen geschleppt werden. Die Leopardin, die Le Roux 1989 beobachtete, brachte ihre Jungen in 35 Tagen viermal zu neuen Versteckplätzen und trug sie dabei jeweils 150 bis 600 m. Interessant ist die Bemerkung von Kingdon 1977, daß eine Leopardenmutter nach dem Entwöhnen ihren Jungen Futter vorwürgt. Dies Verhalten ist bei Katzen ungewöhnlich und bei Leoparden sonst noch nicht beschrieben worden. Wir haben nie Vergleichbares beobachtet, auch Hinde 1992 hat so etwas nie gesehen. Turnbull-Kemp 1972 macht keinerlei Angaben über das Mutter-Kind-Verhältnis.

Leopardenmutter vor der
Geburts- und derzeitigen
Wohnhöhle ihrer Jungen

Die lückenloseste Beobachtung haben wir selbst an einer uns seit Jahren bekannten Leopardin und drei ihrer Jungen in zwei Würfen im Musiaradreieck des Masai Mara Nationalparks in Kenia gemacht. Einen Teil dieser Beobachtung hat Pölking 1995 zusammengefaßt und fotografisch gut dokumentiert. Protokollauszüge aller beobachteten Daten geben wir in Anhang II wieder (s.S. 122 ff).

Über das Zusammenleben zwischen Mutter und Kindern ist das Buch von Hinde 1992 aufschlußreicher als die umfangreichen Beobachtungen von Bailey 1993, der mit der Methode der Radiotelemetrie an Leoparden arbeitete. Leider gibt Hinde, der das Verhalten visuell beobachtete, wenig Daten, vor allem nur spärliche Alters- und Zeitangaben. Daher sind die einzelnen Schritte der Entwicklung vom Mutter-Kind-Verhältnis schwer dem Alter der Jungen zuzuordnen.

Die Jungenfürsorge zeichnet sich durch eine oft unerwartete Wechselhaftigkeit in der Mutter-Kind-Beziehung aus. Es gibt Tage, an denen eine innige Verbindung den ganzen Tag über nicht abreißt. Manchmal haben wir sogar für mehrere aufeinanderfolgende Tage sehr intensive Kontakte gesehen. Dann wieder gehen sich Mutter und Kinder für Tage – ohne

Mutter-Kind-Kontakte sind in den ersten Lebensmonaten meist sehr eng

für uns Menschen erkennbare Anlässe – aus dem Wege. Wenn wir Mutter und Kinder am nächsten Morgen an denselben, 50 bis 100 m auseinanderliegenden Plätzen wiederfanden, an denen wir sie am Abend zuvor verlassen hatten, nahmen wir an, daß sie die Nachtstunden nicht für einen Kontakt genutzt hatten. Bei Ortswechsel marschieren Mutter und Kinder manchmal gemeinsam, öfter getrennt. Sie erreichen – als wäre das verabredet – das gleiche, mehrere Kilometer entfernte Ziel im Abstand von wenigen Stunden. Wenn die Mutter vorangeht, spielt bei der Führung der Jungen die weiße Unterseite des Schwanzes eine große Rolle. Nach Guggisberg 1966-68 „stellt sie für die nachfolgenden Jungen einen ausgezeichneten ‚Leitstern‘ dar". Wir selbst haben 1970 im Nairobi Nationalpark in Kenia beim Verfolgen der nur eben über dem Gras sichtbar werdenden weißen Schwanzspitze vier fast erwachsene Leopardenjunge ihrer Mutter folgen sehen (s.S. 76).

Frühe Jugendentwicklung

Eine feste Geburtensaison ist bei Leoparden in Ostafrika und in den Waldgebieten nicht bekannt. Babys werden also das ganze Jahr über geboren. Im Krüger Park fallen meist die Geburten der Leoparden zusammen mit der Häufung der Impalageburten, die dort die wichtigste Beute der Leoparden sind (Bailey 1993). Als Geburtsort dienen schwer auffindbare, unzugängliche Verstecke. In weiten Teilen Afrikas sind das Höhlen in Felsen, aufeinanderliegende Felsblöcke, buschbestandene Bodenvertiefungen oder Strauchdickichte. In der Kalahari werden die jungen Leoparden meist in Erdferkelbauten geboren (Du Bothma und Le Riche 1984). Solche Plätze und ihre Umgebung dienen dann später auch der Jungenaufzucht. Im Wald lebende Leoparden benutzen zur Aufzucht oft ausgehöhlte Baumstämme. In der Serengeti haben wir 1990 eine Leopardin gesehen, die ihre Jungen schon mit wenigen Tagen in eine Höhle auf einen Baum brachte, die an der Gabelung des sehr dicken Stammes entstanden war. Diese Höhle war groß genug, Mutter und Kind aufzunehmen und gestattete den Kleinen, ihre ersten Sprünge, Spiele und Erkundungen auf den dicken Ästen zu versuchen.
Die Fürsorge der Mutter drückt sich u.a. in den am Anfang des Lebens ihrer Kleinen häufigen Ortswechseln von einem Versteck zum anderen aus. Junge Leoparden werden als Babys oft von ihrer Mutter in Tragestarre an einen anderen Ort, in ein besseres Versteck getragen. Erweist sich ein Versteck als unsicher, zieht die Leopardin mit ihren Kindern an einen anderen Platz um. Solche Ortswechsel können aber auch vorgenommen werden, ohne daß sich die Mutter von der Unsicherheit eines Platzes ‚überzeugt‘ hat. Sie wird vielleicht auch von einer ‚inneren Unruhe‘ ohne direkten Anlaß dazu getrieben, die Wohnhöhle zu wechseln. Unsere menschlichen Sinnesleistungen gestatten es uns nicht, den Gefährdungsgrad abzuschätzen. Auch gibt es ja erhebliche Beobachtungslücken, selbst bei erfahrenen Feldforschern, die über Leoparden arbeiten. Ein Versteck für die Jungen mag am Tag überaus sicher sein vor tagaktiven Feinden, in der Nacht dagegen kann es von Gefahren bedroht werden, die wir nicht zu sehen bekommen. Im Krügerpark dienen meist Felsen in Form von Inselbergen als Verstecke. Bailey 1993 sah solche Umzüge zu neuen Plätzen bei Babys, die erst 4 Tage alt waren und meint, das könne bei einigen Leoparden alle 2 bis 4 Tage vorkommen, je nachdem, wie stark sie gestört werden. Adamson 1980 beobachtete ihre angezähmte Leopardin Penny, die ihre zwei Jungen im Alter von 13 Tagen in Abständen über 2 km weit verbrachte. Seidensticker 1977 nimmt an, die Jungen werden in den ersten zwei bis drei Monaten, vielleicht sogar sechs Monate lang in Verstecken gehalten. Das ist eine Erfahrung, die wir selbst bei mehreren Leopardenjungen nicht gemacht haben. Seidenstik-

Auch dichte Gebüsche werden
zum Gebären, zur Jungenaufzucht und als Wohnhöhle
benutzt

ker 1977, der an asiatischen Leoparden das mütterliche Verhalten bei kleinen Jungen beobachtete, stützt sich vor allem auf die Ortung der Mutter mit Hilfe eines Radiohalsbandes.
Neugeborene wurden danach bereits am 1. Lebenstag über 250 m fortgetragen, am 9. Tag
wieder 150 m zurück in Richtung Geburtsplatz. Am 18. Tag nach der Geburt hielt sich die
Mutter 33 Stunden bei ihren Jungen auf und ließ sie dann für 33 Stunden und 25 Minuten
allein. Sie kehrte für 11,5 Stunden zurück und verschwand dann wieder für 36 Stunden, danach blieb sie fast 30 Stunden bei den Jungen. Während einer Beobachtungszeit von 168
Stunden ermittelte Seidensticker, daß die Leopardin 44 % ihrer Zeit in der Nähe ihrer Jungen blieb, 56 % der Zeit nicht bei diesen war. Sie entfernte sich von den Jungen im Durchschnitt 1,5 km. Am 50. Tag sah Seidensticker zwei Junge, während die Mutter für 3 Stunden
fort war. Am 51. Tag entfernte sich die Mutter 2 km, am 65. Tag sah der Autor die Jungen
wieder einmal, dann bricht die Beobachtung ab.

Seidensticker berichtet außerdem über einige Beobachtungen an einer Leopardin in Nepal,
überwiegend aufgrund seiner Aufzeichnungen über eine mit einem Radiosender versehe-

nen Leopardenmutter. Er sah dabei zwei sehr junge Leopardenbabys, deren Alter er auf ein bis zwei Tage schätzte. Von einem dritten Jungen hörte er den Ruf des Verlassenseins. Auf das Alter der Kleinen schloß er aus der Mobilität der Mutter, die er mittels der Radiotelemetrie verfolgen konnte. Als die Jungen neun Tage alt waren, machte er – ohne die Babys selbst zu sehen – den Sender der Mutter 150 m südlich des Geburtsplatzes im hohen Gras aus. Dann sah er die Jungen mit 19 Tagen wieder, die Mutter blieb 16 Stunden bei ihnen. Im Baum hing ein Sambalhirschkalb als Beute. Zu diesem Zeitpunkt registrierte Seidensticker die Bewegungen der Leopardin über 168 Stunden. 44 % dieser Zeit war sie in der Nähe der Jungen oder direkt bei ihnen, 56 % der Beobachtungszeit nicht in ihrer Nähe, sondern 1,74 bis 1,9 km entfernt. Der Autor vermutet, daß sie in dieser Zeit Beute geschlagen hat, konnte aber weder Reste davon finden noch eine Jagd selbst beobachten. Von der Zeit, die die Leopardenmutter bei ihren Jungen weilte, lagen 62 % in der Nacht und nur 30 % am Tag. Als die Jungen 46 Tage alt waren, verbrachte die Mutter 22,25 Stunden bei ihren Kindern, die der Autor an deren 50. Lebenstag auch selbst wieder sehen konnte. In dieser Zeit verbrachte die Mutter 51 % der Zeit bei ihren Jungen und 49 % fern von diesen. Am 51. Lebenstag der Kleinen ortete er die Mutter telemetrisch 2 km entfernt von dem Platz, an dem er die Jungen vermutete. Am 65. Lebenstag der Jungtiere sah er nur noch zwei, eins muß offenbar in der Zwischenzeit gestorben sein. Ob die Untersuchung abgebrochen wurde oder die Mutter und die Jungtiere verstorben sind, geht nicht aus der Mitteilung hervor.

Dieselbe Schwierigkeit taucht auch bei der Beobachtung von Sunquist 1983 auf. Offenbar reicht es nicht, nur festzustellen, wo ein mit einem Radiohalsband versehener Leopard sich gerade aufhält, weil man nichts über seine Tätigkeit, sein Verhalten, sein Zusammentreffen mit anderen nicht radiomarkierten Tieren aussagen kann. Hinde 1992, der ohne Radiotelemetrie arbeitete, fand die zwei Jungen einer Leopardin, die er intensiv beobachtete und bereits vor ihrer Trächtigkeit sehr gut kannte, erst, als diese bereits 7 Wochen alt waren.

Diese Mitteilungen in der Literatur zeigen zumindest, wie schwierig es ist, junge Leoparden zu beobachten und das Mutter-Kind-Verhältnis mit Hilfe der Radiotelemetrie zu studieren. Es ist zweifelhaft, ob die Radiotelemetrie für solche Vorhaben geeignet ist. Freilich ist die Alternative dazu, nämlich die Direktbeobachtung, in ihren Ergebnissen ebenfalls nicht repräsentativ, weil sie nur etwas über Leoparden aussagt, die an Beobachter gewöhnt sind. Was die ‚scheuen' Fleckenkatzen – die ja das Gros dieser Art sind – im Mutter-Kind-Verhältnis zeigen, bleibt unbekannt.

Während die Weibchen ohne Jungen täglich 1,9 km zurücklegen, schränken junge Leoparden bis zum 6. Monat die Mobilität ihrer Mütter auf etwa 1,2 km pro Tag ein (Bailey 1993). Weibliche Leoparden mit kleinen Jungen nutzen auch nur einen Teil ihres Streifgebietes.

Die Zeit, in der eine Leopardenmutter ihre Jungen allein läßt und auch die Intervalle zwischen solchem Verschwinden sind äußerst unterschiedlich. Im Amboseli Nationalpark in Kenia haben wir 1976 eine Leopardenmutter gesehen, die sich von ihrem fünf Monate alten Sohn kaum trennen konnte, weil dieser ihr stets hinterher lief und sie dadurch indirekt immer wieder zur Umkehr zum Wohnplatz zwang. Nicht zu beobachten war freilich, ob die Mutter sich nachts davonschlich und am nächsten Morgen, wenn wir unsere Beobachtungen wiederaufnahmen, sich gerade am Platz wie tags zuvor eingefunden hatte. Erstaunlicherweise haben wir einmal erlebt, daß diese Mutter ihren Sohn zielstrebig über 800 m an einen Busch führte, indem ein frisch geschlagener, noch nicht angefressener Impalabock lag. Obwohl wir beide Tiere zweieinhalb Tage lang nicht haben fressen sehen, fraß das Jungtier von diesem Impala innerhalb von zwei Stunden nur wenige Bissen.

Aus der Wohnhöhle in einer Astgabel eines dicken Baumes traut sich dieser Junge nicht herab auf den Boden

Die Mutter lag während dieser Zeit wenige Meter entfernt. Als sie selbst zu fressen begann, entfernte sich das Junge und ‚zwang' die Mutter, ihm zu folgen. Dabei hatte sie bis dahin von dem Impala kaum etwas gefressen. Erst am Abend gegen 17.30 Uhr konnten wir die so lange im dichten Gestrüpp verborgenen Leoparden wieder bei ihrem in einem Busch gut versteckten Riß sehen, jetzt fraßen beide über 45 Minuten lang. Am nächsten Morgen waren davon keine Reste mehr vorhanden. Mutter und Sohn fanden wir erst drei Tage später wenige hundert Meter entfernt im dichten Salsola-Buschland wieder. Es scheint, als wäre ein sichtbar leerer Bauch nicht immer mit Hunger verbunden oder – falls das doch der Fall sein sollte – muß das keineswegs ein ausreichendes Motiv sein, an einer Beute zu fressen.

Jungenernährung

Zum Säugen legt sich die Leopardin meist auf die Seite. Es kommt häufig vor, daß alle Kinder gleichzeitig gesäugt werden. Sie können aber auch einzeln zur Mutter zum Trinken kommen. Eine Bevorzugung bestimmter Zitzen durch einzelne Junge ist nicht bekannt und wurde auch von uns nicht beobachtet. Manchmal gibt es gewisse Rangeleien beim Trinken, weil ein Jungtier in unbequemer Haltung liegt. Dann kann es sein, daß dieses ganz mit dem Trinken aufhört und wartet, bis das Geschwisterkind mit dem Trinken fertig ist. Wir selbst haben leider nie drei Junge gleichzeitig trinken sehen, in der Literatur darüber auch nichts gefunden. Obwohl Leoparden und Löwen in die gleiche Gattung gehören, lassen sich die Trinkverhältnisse bei Löwenjungen nicht auf Leoparden übertragen. Von den anderen solitär lebenden Großkatzen ist uns darüber nichts bekannt geworden.

Sehr unterschiedlich ist es, wo die Jungtiere ihr erstes Fleisch zu sich nehmen. Je älter die

Nur wenn sie sich sicher fühlt,
säugt eine Leopardin ihre
Jungen außerhalb des Verstecks

Jungen werden, desto wahrscheinlicher ist es, daß sie von der Mutter zur Beute geführt werden. Hinde 1992 beschreibt, wie eine Leopardin einen jungen Ducker zu ihren Kindern geschleppt hat. Das geringe Alter der Jungen kann man nur daraus entnehmen, daß die Jungen nicht viel Notiz von dem Fleisch nahmen, sie tranken lieber bei der Mutter. Wir haben einerseits gesehen, daß eine Mutter ihre Jungen zu einer von ihr geschlagenen Beute führt, haben andererseits feststellen können, daß sie ihren Jungen Beute anschleppt. Eine eindeutige Beziehung zwischen diesen unterschiedlichen Verhaltensweisen und dem Alter der Jungen läßt sich aus eigenen Beobachtungen und auch aus der Literatur nicht ermitteln. Es spielt offenbar keine Rolle, welche Distanz zwischen den Jungtieren und der Beute liegt.

Leoparden beginnen durchschnittlich im Alter von zwei bis drei Monaten, Fleisch zu fressen, nach Gittleman und Ofterdal 1972 schon mit 42 Tagen, nach Hinde 1992 mit 72 Tagen, nach Bailey 1993 mit 65 Tagen. Sie sind dann durchaus in der Lage, ein paar hundert Meter hinter der Mutter herzulaufen. Andererseits haben wir gesehen, daß eine Mutter ihren elf

Monate alten Kindern noch einen Riß herbeischleppte. Vielleicht spielt als Ursache dafür der Ort eine Rolle, an dem Beute getötet wurde. Wenn das im offenen Gelände geschieht, muß die Mutter ja ohnehin – einem angeborenen Verhalten folgend – die Beute irgendwo in Deckung bringen. Ist dagegen der Platz, an dem die Beute geschlagen wurde, besonders gut geschützt oder vielleicht auch noch in der Nähe eines geeigneten Baumes, mag die Neigung größer sein, die Jungen aus einem wenig glücklichen Versteck an die Beute heranzubringen. Wir halten es durchaus für möglich, daß Leoparden solche ‚Überlegungen' anstellen und dabei viel mehr Faktoren berücksichtigen, als dem menschlichen Betrachter in seiner jeweiligen kognitiv eingeengten Situation verständlich scheint.

Eine Beute in der Nähe eines Tüpfelhyänenbaus, der der Leopardin bekannt ist, wird mit viel größerer Wahrscheinlichkeit von dort weggebracht, als daß die Leopardin ihre Jungen in die Nähe der Hyänen führen würde. Nach unserem Verständnis haben Tiere mit einer so hohen Organisation ihrer Hirnleistungen die Fähigkeit, die Entscheidungen von Fall zu Fall beeinflussen zu können. Solche Entscheidungen sind für unser Verständnis viel ‚vernünftiger', als man gemeinhin anzunehmen geneigt ist.

Wer in einer kleinen Leopardenfamilie mit dem Fressen anfängt, ist nicht vorherzusagen, nicht einmal bei der gleichen Familie, die man schon lange kennt. Oft – aber keineswegs immer – geht das ohnehin schon kräftigste männliche Junge als erstes zum Riß. Es kann sein, daß es seine Geschwister androht und warten läßt, bis es selbst satt ist. Es kommt aber ebenso oft vor, daß das Kleinste zuerst mit dem Fressen beginnt. Manchmal ist die Mutter die erste, manchmal ist sie die letzte. Ein Zusammenhang mit dem Alter ist uns nicht aufgefallen und auch in der Literatur findet sich kein Hinweis darauf. Ebenso kann beim vom Beobachter unterschiedlich eingeschätzten Hunger eine andere Reihenfolge beim Fressen

Keineswegs fressen Mitglieder ein und derselben Leopardenfamilie immer am gleichen Riß wie hier

gesehen werden, als man vermuten möchte. Eine Zeitlang haben die von uns beobachteten Geschwister Taratibu und Mang'aa (s. Anhang II) gemeinsam an einem Riß gefressen und die Mutter lag daneben. Dann wiederum gab es Situationen, in denen die Mutter mit nur einem Kind gleichzeitig am Riß fraß oder das jeweilig fressende Familienmitglied überhaupt keinen anderen neben sich duldete. Dabei haben wir auch gesehen, daß die jungen fressenden Leoparden die eigene Mutter androhten, anknurrten und nach ihr schlugen. Bis zum 7. Monat fraßen die von Hinde 1992 beobachteten Jungen gemeinsam mit der Mutter.

Relativ einheitlich wird die Zeit der Entwöhnung von der Muttermilch angegeben (s. Tab. 7). Diese Zeit liegt am Ende des dritten Lebensmonats der Jungen. Hierbei handelt es sich um einen körperlichen Reifungsprozeß, der Mutter und Kind gleichermaßen betrifft. Auf der einen Seite verändert sich die hormonale Situation der Mutter. Ihre Milchdrüse bekommt nicht mehr so viel Impulse, Milch zu produzieren. Das hängt mit der gesamten hormonalen Steuerung zusammen und mit der Rückbildung der durch die Trächtigkeit veränderten weiblichen Geschlechtsorgane. Bei den Jungtieren ändert sich mit zunehmender Reifung das Nahrungsbedürfnis. Sie benötigen jetzt andere Eiweiße und Nahrungsbestandteile als in der ausschließlichen Muttermilchphse.

Zur Gewichtsentwicklung junger Leoparden sind Daten schwer zu bekommen. Haltenorth 1977 gibt folgende Durchschnittswerte an:

Geburtsgewicht: 430 g
Nach 1 Mon.:   2 kg
Nach 3 Mon.:   3 kg
Nach 4 Mon.:   5 kg
Nach 6 Mon.:   10 kg

Das deckt sich recht gut mit der Angabe von Gittleman und Oftedahl 1987, wonach Leoparden während der Stillzeit rund 30 g pro Tag zunehmen. Für Leopardenmütter mit mehreren Jungen erfordert das eine erhebliche Milchproduktion.

Schmusen

Die Interaktionen zwischen Mutter und Kind sind bei Leoparden insgesamt geringer einzuschätzen, als wir das von anderen Katzenartigen gewohnt sind. Gegenseitige Körperpflege, vor allem Belecken von Kopf, Hals und manchmal auch anderen Körperteilen kommen seltener vor als bei anderen Katzenarten und dauern auch kürzer. Wir selbst haben tagelang gesehen, daß bei Spiel und gemeinsamen Aktionen wie Ortswechsel, Aufbruch zur Jagd, Rückkehr der Mutter von längerer Abwesenheit manchmal gar keine Begrüßungen stattfanden oder diese oft sehr kurz waren, während an anderen Tagen eine geradezu stürmische Komponente dabei festgestellt werden konnte. Die wenigen Angaben in der Literatur über solche Vorkommnisse liegen deshalb sicherlich nicht nur an der mangelnden Beobachtbarkeit solcher Mutter-Kind-Beziehungen, sondern auch an ihrem unregelmäßigen Vorkommen. Schmusen zwischen Mutter und Kind findet bei allen Katzen statt, bei Leoparden weniger ausgeprägt als bei Löwen. Vor allem scheinen Leoparden nicht mit derselben Regelmäßigkeit zum Schmusen aufgelegt zu sein wie Löwen. An manchen Tagen schmusten die von uns beobachteten Mutter-Kind-Gruppen lange und intensiv, um dann für einige Tage kaum Beachtung füreinander zu haben. An einigen Tagen schmuste nur ein

und dasselbe Kind mit der Mutter, während das Geschwister für sich allein blieb, ein paar Tage später konnte es umgekehrt sein.

Wir haben auch gesehen, daß zwei Gesichter gleichzeitig mit der Mutter Zärtlichkeiten austauschten. Geschwister beachten sich an manchen Tagen überhaupt nicht, während sie zu anderer Zeit auch untereinander Wangenreiben, Belecken und Sich-in-die-Seite-stoßen praktizieren.

Schaller 1972 sah einen 17 bis 18 Monate alten Leoparden, der seine Mutter auf einem Baum begrüßte, wobei sie seinen Hals und Kopf für mehrere Minuten beleckte. Bei einem vier Monate alten Geschwisterpaar zerrte und schubste das Männchen seine Schwester so, daß diese sich oft in die Sicherheit der unmittelbaren Gegenwart der Mutter rettete.

Das männliche Junge einer von Hinde 1992 beobachteten Leopardin fand dieser eines Tages tot und in eine Astgabel geklemmt, es war verletzt und wahrscheinlich bereits angefressen. Der Beobachter sah die Mutter und ihr verbliebenes weibliches Junges auf den Baum klettern und zunächst zwei Stunden schlafen. Dann verließ das Junge den Baum und ging zu einem nahen Flußbett. Die Mutter nahm das tote Kind auf, klettere damit den Baum herunter und legte die Leiche ins hohe Gras. Langsam begann sie dann von ihrem toten Leopardenkind zu fressen. Leider ohne Literaturangaben erwähnt Hinde noch, daß schon anderweitig darüber berichtet worden sei, daß Leoparden ihre toten Jungen fressen, er schließt daraus, daß sei ein ‚normales Vorkommnis'. Hinde selbst wurde stark kritisiert, weil er annahm, dieses Verhalten wäre eine Art Beerdigungszeremonie. Man überzeugte ihn schließlich, daß das tote Leopardenjunge für die Mutter eine leicht erreichbare Eiweißquelle sei. Nachdenklich schloß Hinde, die Leopardenmutter und ihre zwei Jungen seien von Löwen überrascht worden und das männliche Jungtier hätte sich nicht rechtzeitig in Sicherheit bringen können. Über richtigen Kannibalismus berichtet Brelsfort 1950b, als man beobachtete, wie ein Leopard von dem Kadaverrest eines anderen fraß.

Spielen und Jagdspiele

Mit dem Älterwerden erreichen die Muskulatur, ihre Koordination und die Bewegungen bei den Jungtieren eine Reife, die sie in die Lage versetzen, mit den ersten Jagdversuchen zu beginnen. Diese gelten zunächst kleineren Tieren, manchmal sogar nur vom Winde bewegten Gegenständen. Ein Schmetterling, eine Heuschrecke oder eine vorüberhuschende Echse erregen die Aufmerksamkeit eines Leopardenjungen und lösen einen unwiderstehlichen Drang aus, Jagdverhalten auszuüben. Die Spiele der Jungen untereinander tragen deutliche Züge des Jagdverhaltens. Wenn mehrere Junge vorhanden sind, spielen diese untereinander zur Einübung von Jagdverhalten. Ist nur ein Junges bei der Mutter, dient diese als Spielkamerad und Übungspartner. Mit allen typischen Verhaltensweisen schleicht sich ein Leopard an den anderen an. Er nutzt alle verfügbare Deckung, bleibt reglos einige Minuten liegen, betrachtet unablässig und mit höchster Aufmerksamkeit das Ziel seines Scheinangriffs. Im günstigen Moment, wenn der Spielpartner unaufmerksam ist, springt der Spieljäger plötzlich mit zwei oder drei Sätzen auf den Spielgefährten los. Geschieht das aus zu großer Entfernung, wird das ‚Opfer' aufmerksam und vereitelt den Erfolg. Ein Geschwister springt davon oder attackiert frontal. Die angeschlichene und angesprungene Mutter reagiert mit ein paar Abwehrschlägen bei nicht ausgefahrenen Krallen oder sie springt schon einmal davon. So trainiert ein junger Leopard, nicht zu früh und nicht über zu kurze Entfernungen auf einen Jagdspielpartner loszuschießen. Auch für die Übung der Ansitzjagd gilt das gleiche. Ein spielender Leopard, der sich versteckt hat und seinen Spielpart-

ner in arglosen Schritten auf sich zukommen läßt, darf ebenfalls nicht zu früh losspringen, wenn er den Partner nicht verfehlen will.

Auch die Körperpartie, auf die sich so ein spielerischer Angriff richtet, will gut überlegt sein. Der bewegte Schwanz der Mutter ist zwar ein beliebtes Angriffsobjekt, der Spieljäger merkt aber sehr schnell, daß er den Schwanz nicht fangen kann. Mit zunehmender Übung vermeiden junge Leoparden diese Fehler und schließlich richten sich ihre Jagdansprünge aus kurzer Entfernung auch gegen die ,richtigen' Körperpartien des Gegners. Einem jungen Leoparden auf das Hinterteil zu springen, endet damit, daß der Spieljäger abgeschüttelt wird. Er hat auch nichts, worin er sich verbeißen kann. Nach kurzer Zeit des Übens – bestimmt mit vier oder fünf Monaten – läuft eine solche spielerische Jagd auf Artgenossen sehr viel realitätsnäher ab. Da wird eine Pranke auf den Rücken gelegt, die andere richtet sich von unten gegen den Hals und der Biß gilt dem Nacken, dem seitlichen Hals und manchmal der Kehle. Das Spielopfer in ein Bein zu beißen, hat keinen Wert, weil eine heftige Bewegung des Beines genügt, um es frei zu bekommen. Das Schleichlaufen ist schwierig zu erlernen, weil es in der Realität meist über längere Strecken notwendig wird als im übenden Spiel. Das anschleichende Tier verliert die Geduld oder das angeschlichene kommt im Zuge eigener spielerischer Aktivitäten dem Anschleicher entgegen. Wir haben bei jungen Leoparden – beim Anschleichen und Lauern – oft gesehen, daß sie den Schwanz noch mit viel zu großer Amplitude bewegen und sich dadurch auffällig machen. Im Laufe des weiteren Spiels halten sie daher den Schwanz still, lediglich die äußerste Spitze wird seitlich hin und her bewegt. Diese oft zuckenden Schwanzbewegungen sind später oft ein guter Ausdruck für die Intensität oder die Ernsthaftigkeit des Jagdspiels. Wenn ein bisher im Anschleichspiel oder Lauerspiel bewegter Schwanz ganz aufhört oder das leichte Zucken der Schwanzspitze wieder in größere Schwanzschläge übergeht, ist meist ,die Luft heraus' und der unmittelbare Abbruch des Spiels steht bevor.

Spielende halbwüchsige Leopardengeschwister

Die Krallen werden bei diesen Jagdspielen nicht vorgestreckt, die Bisse sind verhalten und gemäßigt. Mit zunehmendem Lebensalter allerdings ufert ein zunächst friedlich begonnenes Spiel gelegentlich in aggressivere Verhaltensweisen aus. Es kann sogar umschlagen und zum Kampf führen, bei dem dann Krallen eingesetzt werden und die Kiefer schon ganz schön zuschlagen.

Keineswegs jede Form des Spiels läßt Züge des späteren Jagdverhaltens erkennen. Es gibt reine Verfolgungsspiele, bei denen Verfolger und Verfolgte schnell wechseln können. Es gibt Balgereien, die ganz ungerichtet vonstatten gehen. Manchmal hat man als Zuschauer das Empfinden, es ginge nur um ungehemmte körperliche Bewegung, die gleichzeitig mit dem Bedürfnis nach körperlichem Kontakt kombiniert wird.

Eine Sonderform ist das Objektspiel. Nach kleineren Gegenständen wird häufig zunächst mit einer Pranke geschlagen, dann wird auch die andere benutzt, beide Pranken können wechselweise eingesetzt werden, aber auch gemeinsam zupacken. Beliebt sind Spiele, bei denen das Objekt fortgeschleudert wird und dann blitzartig erneut ergriffen wird. Bei manchen Formen des Objektspiels wird auch das Gebiß eingesetzt. So spielen Leoparden mit einem Stück Holz, einem ausgeblichenen Knochen oder irgendwelchen anderen Gegenständen. Diese werden dann angeschlichen, bekommen einen Hieb versetzt und werden dann aufgefangen und schließlich gebissen. Manchmal schleppen junge Leoparden solche Gegenstände im Maul über mehrere Meter. Im Krüger Nationalpark in Südafrika haben wir 1986 einmal einen jungen Leoparden beobachtet, der einen ausgerissenen Busch am Stamm schleppte und mit allen Pfoten ständig auf die nachschleifenden Zweige trat. Er erkletterte damit sogar einen Baum.

Wir haben mehrfach gesehen, daß Spiele mit wechselseitigem Pflegeverhalten enden, also mit gegenseitigem Groomen, indem sich die Partner Hals, Kopf und Gesicht wechselseitig

ablecken. Umgekehrt haben wir aber auch beobachtet, wie solche zärtlichen, gegenseitigen Behandlungen, die der sozialen Aneinanderbindung dienen, nach einer Weile in Raufereien übergingen. Manch ein Spiel endet plötzlich ohne für uns erkennbaren Grund, weil die Beteiligten sich einfach hinlegen und ruhen. Mütter, die von ihren einzigen Kindern häufiger in Spiele einbezogen werden, zeigen – auch für den betrachtenden Menschen deutlich verständlich – daß sie nun ,keine Lust mehr' haben und jetzt mit leichtem Drohen ein Spiel vorsätzlich beenden. Bei ganz jungen spielenden Leoparden endet diese körperliche Aktivität häufig mit gemeinsamem Trinken.

Zwischen Mutter und mehreren Kindern bestehen unterschiedliche Sympathien. Es gibt Jungtiere, die ausgesprochene Schmusekatzen sind und alle Augenblicke sich dem Kopf der Mutter nähern, um sich beriechen oder belecken zu lassen oder umgekehrt – Hals und Gesicht der Mutter zu belecken, solange diese das duldet. Demgegenüber gibt es Jungtiere, deren Bindung an die Mutter schon in frühester Jugend gering ist, die kein so großes Bedürfnis nach Zärtlichkeit haben wie ihre Geschwister oder wie man es von anderen gleichaltrigen Leoparden gewohnt ist. Zur Befriedigung des Spielbedürfnisses ist es nützlich, wenn Geschwister vorhanden sind. Das schont die Mutter, klinkt sie allerdings nicht voll vom Spiel und vom Schmusen aus. Vom 4. bis 5. Monat an beteiligen sich die Mütter nicht mehr so häufig am Spielen. Wenn sie es dennoch tun, sind diese Spiele meist weiträumigere Laufspiele. Es geht dann auch schon einmal ruppig zu, daß sich ein Jungtier nach dem Schlag mit der Pranke der Mutter überkugelt. Aber das wird nicht übelgenommen, im Gegenteil scheint das manchmal die Aktivität des Spielens und Tobens zu steigern. Sobald Laufspiele betrieben werden, erlebt man nicht selten, daß ein Jungleopard, wenn er verfolgt wird oder sich verfolgt glaubt, einen Baumstamm halb hinaufläuft, dann umkehrt und auf den Boden zurückkommt. Schon bei den ersten Kletterversuchen, die in absolut spielerischer Absicht erfolgen, ist die gleiche Technik beim Erklimmen eines Baumes und beim

Heruntersteigen zu sehen, wie sie das erwachsene Tier anwendet. Das Herabklettern erfolgt zunächst rückwärts, also Schwanz voran. Erst wenn der Boden mit einem Sprung erreicht werden kann, dreht sich der Leopard selbst an glatten und senkrechten Stämmen um. Besonders die Babys rutschen dabei gelegentlich ab und landen dann oft überrascht und unsanft auf allen vieren.

Löwen und Geparde bringen ihren Jungen halbtote Beutetiere, an denen die Kleinen die Technik des Tötens trainieren können. Bei Leoparden ist das sicher ähnlich, wurde aber noch nie direkt beobachtet. Man weiß, daß Leopardenmütter noch lebende Beutetiere zu ihren Jungen schleppen, offenbar, damit diese daran üben können. Im Masai Mara Nationalreservat in Kenia beobachteten wir 1994 eine Leopardin, die einen jungen Hasen erbeutete und ihn in die Nähe ihres Jungen brachte. Sie legte dort die Beute ab und rief ihr Kleines. Es kam aber nicht auf ihr Rufen. Da ließ die Leopardin den Hasen liegen und ging fort, um ihr Junges zu holen. Plötzlich stand der Hase auf und hoppelte etwa drei Meter davon. Die Leopardin hatte ihn also nicht getötet, sondern wollte ihn womöglich dem Jungen zum Töten überlassen. Nach wenigen Minuten kam die Leopardin mit ihrem Jungen zurück, fing den offenbar verletzten Hasen erneut und legte ihn behutsam vor das Kleine. Das nahm den Hasen sofort ins Maul und verschwand mit dem noch immer lebenden Beutetier in einem kleinen Strauch. Kurze Zeit später sahen wir beide gemeinsam den Hasen verzehren.

Spielen mit Teilen der Beute haben wir nie gesehen und darüber auch in der Literatur keine Angaben gefunden. Bei den nahe verwandten Löwen kommt das dagegen sehr oft vor, daß Jungtiere sich um gegenseitig von der Beute abgerissene Teile spielerisch streiten und sich diese wegnehmen. Allerdings pflegen Leoparden ihre Beutetiere ja auch möglichst überhaupt nicht in Stücke zu zerlegen. Selbst wenn die Beine aus den körpernahen Gelenken herausgerissen sind, hängen sie meist an der Haut pendelnd am Körper. Das ist sicher sehr zweckmäßig, wenn die Beute auf Bäumen liegt. So kann nicht noch Genießbares herunterfallen und der eigenen Ernährung verlorengehen. Außerdem können so nicht durch herabfallende Beuteteile Tüpfelhyänen angelockt werden, was aber trotzdem immer wieder einmal passiert. Objektspiel mit Beuteteilen wäre für Leoparden kein Training für den Beuteerwerb und -verzehr und ist daher nicht üblich.

Verlassen der Mutter

Junge Leoparden verlassen ihre Mütter durchschnittlich zwischen 13 und 18 Monaten, Söhne meist früher als Töchter (Turnbull-Kemp 1967, Schaller 1972, Eisenberg und Lockhart 1972, Muckenhirn und Eisenberg 1973, Hamilton 1976, Bertram 1978).

Die Lösung des Mutter-Kind-Verhältnisses erfolgt erst nachdem die Jungtiere in der Nahrungsversorgung unabhängig geworden sind. Im allgemeinen bleiben junge Leoparden noch für unterschiedlich lange Zeit im Streifgebiet der Mutter. Weiblicher Nachwuchs kann sogar das eigene Streifgebiet in der Nachbarschaft zu dem der Mutter mit mehr oder weniger großer Überlappung lebenslänglich etablieren. Männlicher Nachwuchs ist meist kühner, er wandert auch zuerst die weitesten Strecken vom Lagerplatz weg und erklettert früher Bäume (Hinde 1992). Männliche Jungleoparden pflegen auch in weite Entfernungen auszuwandern. Das ist sicherlich ein Mittel der Inzuchtvermeidung. Die Ausbildung der Fähigkeit, sich selbst mit Nahrung zu versorgen, zieht sich über ein paar Wochen hin, das Jagen muß zunächst trainiert werden.

Wenn die von Pölking 1995 beobachtete Leopardin ein bis zwei Tage mit ihrem Jungen zusammen war, legte sie sich oft einige hundert Meter entfernt in einen Korongo oder ins Gebüsch. Das war zu weit entfernt, um schnell herbeieilen zu können, wenn die in der Nähe befindlichen Löwen, Tüpfelhyänen, Schakale und Paviane das Junge bedrohten. Hinde 1992 beobachtete eine Leopardin, die ihren erst zehn Monate alten Nachwuchs zur Selbständigkeit drängte. Sie wurde dann brünstig, paarte sich mit einem schon länger in der Gegend befindlichen Männchen und wurde trächtig. Das Junge erkrankte an Räude und schlug sich mehr schlecht als recht mit dem Erbeuten von Hasen, Vögeln und kleineren Tieren durch. In dem gleichen Alter war Beauty (s.S. 122 ff.) bereits fähig, größere Tiere zu schlagen und für sich selbst zu sorgen, auch was die Vermeidung von Gefahren anging.

In der Aitong-Gegend des Masai Mara Nationalreservates in Kenia haben wir 1988 mehrfach beobachtet, wie eine Leopardenmutter mehrere Beutetiere im Zentrum ihres Streifgebietes an jeweils zwei aufeinanderfolgenden Tagen auf Bäume im Abstand von mehreren hundert Metern brachte. Von denen konnte sich ihr Sohn, dessen Alter auf 14 Monate geschätzt wurde, allein über mehrere Tage ernähren, ohne mit der Mutter zusammenzutreffen. Er machte von dieser Versorgungsmöglichkeit durch die Mutter immer dann Gebrauch, wenn er einige Tage erfolglos gejagt hatte.

Genau so schrittweise wie die Umstellung auf selbstgeschlagene Beute erfolgt, vollzieht sich auch das räumliche Abwandern aus dem Streifgebiet der Mutter. In der ersten Phase der Trennung von Mutter und Nachwuchs betragen die Abstände oft nur wenige hundert Meter. Auch Wurfgeschwister entfernen sich dann langsam voneinander und halten untereinander den gleichen Abstand wie von der Mutter. Die zwei von Sunquist beobachteten 14 Monate alten männlichen Leoparden hielten einen Abstand von 500 bis 900 Metern zueinander. Beide durchstreiften dieselbe Kernregion des Streifgebietes ihrer Mutter, trafen jedoch nie zusammen. Im Tsavo Nationalpark in Kenia beobachtete Hamilton 1976 einen jungen männlichen Leoparden, der sich erst mit 30 Monaten von seiner Mutter trennte. Bertram berichtet 1978 von einem männlichen Leoparden, der sich erst mit 30 bis 36 Monaten ganz aus dem Gebiet seiner Mutter entfernt hatte. In der Serengeti betrug nach Schallers Angaben 1972 das Alter von zwei Leoparden, die ihre Mutter verließen, 22 Monate. An asiatischen Leoparden stellten Muckenhirn und Eisenberg eine Zeitspanne von 24 bis 36 Monaten fest, nach der sich die Jungen von ihrer Mutter entfernten.

Die große Vorsicht des Leoparden gegenüber allem Unbekannten, findet auch darin ihren Ausdruck, daß die sich von der Mutter lösenden Jungtiere unbekanntes Terrain mit größter Skepsis betreten. So brauchten die beiden von Sunquist beobachteten Brüder etwa zwei bis vier Wochen, um sich nur 8 bis 11 km von ihrem Geburtsplatz zu entfernen.

Im Masai Mara Nationalreservat in Kenia erlebten wir die Loslösung einer jungen Leopardin von ihrer Mutter (s.S. 122 ff.). Das weibliche Jungtier Beauty unternahm bereits mit 10 Monaten ihre ersten Versuche, Beute zu schlagen. Ihre erste erfolgreiche Jagd konnten wir im 11. Lebensmonat beobachten. Von da an begann die Trennung von der Mutter. Bis zum 14. Lebensmonat blieb die Tochter zumindest in weiten Teilen des mütterlichen Streifgebietes. Während das junge Weibchen selbst noch den Kontakt zur Mutter suchte, wurde sie von dieser vom 10. Lebensmonat des Jungtieres an aktiv durch Drohungen von der Mutter verscheucht. Diese duldete die Tochter nicht mehr in ihrer unmittelbaren Nähe.

Interessanterweise ,gestattete' die Mutter ihrer Tochter, mit dem nächsten Wurf (Mang'aa und Taratibu) Kontakte und insbesondere auch Spiel sowie die Versorgung durch die Erlaubnis für die beiden Jungtiere, an dem Riß der ‚großen Schwester' zu fressen. Davon wird noch später (s. S. 122 ff.) die Rede sein. Es ist schwer zu sagen, ob diese junge Leopardin sich aus eigener Initiative oder unter irgendeinem Druck ihrer Mutter so früh von dieser löste. Offenbar ist die Mutter wieder in Östrus gekommen und trächtig geworden, als ihre Tochter noch keineswegs alt genug war, um allein leben zu können.

Von den Jungtieren des nächsten Wurfes derselben Mutter wurde das weibliche im Alter von 12 Monaten von einer Löwin getötet. Bis zu diesem Zeitpunkt hatte diese junge Leopardin nach unseren Beobachtungen noch keine Jagd erfolgreich beendet und nur ansatzweise Jagdversuche unternommen. Ihr Bruder hatte dagegen im Alter von 12 Monaten seine erste Thomsongazelle geschlagen und auf einen Baum geschleppt. Noch im Alter von 24 Monaten verließ die sonst so früh selbständig gewordene Leopardin Beauty das Streifgebiet ihrer Mutter nicht. Den letzten Kontakt mit ihren beiden Geschwistern des nachfolgenden Wurfes hatte sie mit 22 Lebensmonaten. Kontakte mit dem überlebenden männlichen Jungtier des nächsten Wurfes (Mang'aa) stellten wir zuletzt am 11. November in seinem 11. Lebensmonat fest.

Helferverhalten

Als Helferverhalten bezeichnet man die soziobiologisch interessante Hilfeleistung von Verwandten – meist älteren Geschwistern – bei der Jungenaufzucht. Nach Krebs und Davies 1993 ist es für mehr als zweihundert Vogelarten und einhundertzwanzig Säugerarten beschrieben worden. Für manche Pflanzenfresser wie etwa Elefanten mit ihrem Tantenverhalten, Elenantilopen oder Moschusochsen mit ihrer gemeinsamen Verteidigung gefährdeter Jungtiere gegen Freßfeinde, bei zahllosen Affenarten und vielen anderen Säugetieren geht das Helferverhalten in gemeinsamer Jungenaufzucht auf. Unter den Raubtieren ist es vor allem bei Hundeartigen beschrieben worden (Moehlmann (1986), z.B. für Rotfuchs (MacDonald 1980, MacDonald und Moehlmann 1982), Wolf (Fentress und Mitarb. 1982, Harrington und Mitarb. 1983) und Kojoten (Bekoff und Wells 1982, 1986, Camenzind 1978). Auch afrikanische Hundeartige sind auf Helferverhalten gut untersucht, z.B. der Afrikanische Wildhund von van Lawick und van Lawick 1970, Malcolm und Marten 1982 oder von Frame und Mitarb. 1979. Owens und Owens 1984 fanden Helferverhalten bei Braunen Hyänen. Die Mitwirkung von Verwandten bei der Aufzucht von Jungen bei Tüpfelhyänen geht aber bei dieser Art im von Hofer und East geschilderten Clan-Verhalten auf, ohne ausdrücklich als Helferverhalten bezeichnet zu werden. Helferverhalten erfolgt bei Tüpfelhyänen weitgehend unbeabsichtigt. Es besteht im Bewachen der im gemeinsamen Bau zurückgebliebenen Jungtiere. Auch von der gemeinsamen Verteidigung des Clan-Territoriums durch die Verwandten haben die Jungen Vorteile. Bei Zwergmangusten beschrieb Rood 1978 das Helferverhalten. Von Löwen ist über die gemeinsame Jungenaufzucht und -verteidigung viel bekannt (siehe auch Hagen und Hagen 1992). Helferverhalten äußert sich in Beiträgen zur Ernährung, zum Schutz gegen Feinde, zur Anleitung beim Training für verschiedene Verhaltensweisen usw. Außer von Löwen ist von anderen Arten der Gattung der Großkatzen nichts Entsprechendes in der Literatur beschrieben.

Wir selbst konnten Helferverhalten erstmals auch bei Leoparden beobachten: vom Tage der Geburt über zwölf Monate wurden zwei Leopardenjunge im Zusammenleben mit ihrer Mutter von einer Schwester aus dem vorangehenden Wurf als Helferin mitbetreut. Diese Welterstbeobachtung besitzt hohen wissenschaftlichen Wert.

Insgesamt haben wir vom Tage der Geburt der Jungtiere während etwa eines Jahres die Helferin im Kontakt mit der Mutter und/oder den ein oder zwei Geschwistern an 22 Tagen gesehen und Helferverhalten insgesamt 148 Stunden beobachtet. Die nachfolgend Helferin (mit H. abgekürzte) genannte junge Leopardin war fast auf den Tag genau ein Jahr früher geboren als ihre beiden nachfolgenden Geschwister. H. war ungewöhnlich früh, nämlich bereits mit zehn Monaten in der Lage, selbständig erwachsene Thomsongazellen und sogar erwachsene Impalas zu schlagen und manchmal auf Bäume zu schleppen. H.s Mutter war zu diesem Zeitpunkt bereits wieder trächtig und zeigte viel mehr aggressives Verhalten gegen ihre Tochter, als wir es von anderen Leopardenmüttern aus der Periode kannten, in der sich die Mutter-Kind-Bindung zu lösen beginnt. Meist erfolgt eine Lösung von der Mutter mehr auf Initiative der Jungen als durch aktives Vertreiben der Mutter.

H. hielt sich bis zum Abschluß dieses Manuskriptes (Februar 1995) im Streifgebiet der Mutter gemeinsam mit dem verbliebenen, 14 Monate alten Jungtier auf. H. verließ dieses Streifgebiet nur kurzfristig für wenige Kilometer in östlicher Richtung.

Einige Auszüge aus dem Beobachtungsprotokoll verdeutlichen das Helferverhalten.

Anfang November 1992 in einer Felsenhöhle Geburt von H. und zwei, später gestorbenen Geschwistern.

Im September 1993 wehrt die wieder trächtige Mutter von H. gesuchte Annäherungen mit Drohmimik, Fauchen und gelegentlichen Prankenschlägen ab. Kontakte beschränken sich auf Fressen am gleichen Riß, selten miteinander, meist nacheinander in wechselnder Reihenfolge.

Ab dem 10. Lebensmonat beginnt H., erfolgreich zu jagen, sie läßt, nachdem sie selbst satt ist, die trächtige Mutter stets von ihrer Beute fressen. Bei von der Mutter geschlagener Beute wartet H. so lange, bis diese den Riß verläßt. Um den 22.11.93 bringt H.s Mutter drei Junge zur Welt, die wir am dritten Tag während des Transportes in eine neue Höhle sehen können. H. verfolgt den Umzug aus 300 m Entfernung. 1.12.93: H. schlägt 500 m von der Geburtshöhle entfernt ein ausgewachsenes Impalaweibchen und schleppt dies – immer die gleiche Entfernung zur derzeit bewohnten Jungenhöhle beibehaltend – über 300 m zu einem Baum, H. vermag die Beute jedoch nicht heraufzutransportieren.

2.12.93: Das Impala ist jetzt auf einem anderen, 100 m weit entfernt stehenden Baum in einer Astgabel eingekeilt, die Mutter frißt an dem bereits über Nacht stark angefressenen Impala. H. liegt 50 m weiter mit vollem Bauch auf einem anderen Baum. Der Baum, auf den H. das Impala schleppen wollte, liegt in der Nähe einer Tüpfelhyänengruppe. Unter dem Baum, auf dem jetzt die Beute eingekeilt ist, sind keine Tüpfelhyänen.

3.12.3: Die Jungen sind in eine 700 m entfernte Höhle transportiert worden. H. liegt 20 m neben der neuen Höhle. Gegen 9.00 Uhr verläßt die Mutter die Höhle, H. folgt und wird von der Mutter angedroht, sobald sie näherkommt. Gegen 11.00 Uhr tauchen Anubispaviane auf. Die Mutter zieht sich in die Höhle zurück, H. in einen Felsspalt 20 m davon entfernt. Nach 10 Minuten inspiziert H. die Gegend, erklettert einen Baum dicht bei der Höhle und hält Ausschau. Dann legt sie sich 15 m neben der Höhle nieder und sucht ständig mit den Augen die Umgebung ab. Bis zum Abbruch der Beobachtung wegen Dunkelheit bleibt die Mutter in der Höhle.

4.12.93: H. schlägt einen Thomsongazellenbock und schleppt ihn über 200 m in Richtung auf die 1,5 km entfernten Felsenhöhle der Jungen. Dort bringt sie die Beute auf einen

Baum, ohne davon zu fressen und ruht 30 m daneben im Gras. Zwei Stunden nach dem Töten des Gazellenbocks kommt die Mutter und frißt daran.

7.12.93: H. und Mutter liegen mit vollen Bäuchen, ohne Kontakt zueinander im Gras und ruhen.

11.12.93: H. ist zwei Kilometer entfernt, ohne Riß, aber mit vollem Bauch. Es besteht Blickkontakt mit der Mutter.

21.12.93: Es sind nur noch zwei Junge am Leben, sie werden in eine 1 km entfernte neue Höhle gebracht. H. beobachtet den Vorgang, sitzt vor der alten Höhle, während die Mutter das erste Junge transportiert.

27.12.93: H. ist an mehreren Stellen neben der neuen Höhle zu sehen, ohne Kontakt mit Mutter oder den Jungen. H. durchmustert die Gegend mit aufmerksamen Blicken.

6.1.94: 6.00 Uhr. Die Mutter verläßt die Höhle, 4 m davor sitzt H. mit vollem Bauch, wird von der Mutter angedroht. 15 m neben der Höhle hängt in einem Feigenbaum ein stark angefressenes Impala, das am Vorabend noch nicht da war. Paviane vertreiben H.

Um 7.00 Uhr ruhen in 4 bis 6 m Abstand voneinander Mutter, H. und die zwei Jungen.

Um 7.30 Uhr führt die Mutter die Kleinen in die Höhle zurück, erklettert den Feigenbaum und frißt 40 Min. ausgiebig von der Beute. In dieser Zeit lockt H. mit leisen, maunzenden Rufen die nun sechs Wochen alten Jungen aus dem Bau, führt sie 20 m weit ins Freie und spielt mit ihnen recht rauh, sodaß die Kleinen sich sogar überkugeln, aber immer wieder zu H. zurückkehren. Die Mutter schenkt dem Spiel keine Beachtung und trägt Impalareste auf einen 60 m von der Höhle entfernten Baum. H. beendet das Spiel, folgt der Mutter auf den Feigenbaum, wird angedroht und frißt erst, als die Mutter zu ihren Jungen zurückkehrt.

Tagsüber liegen Mutter und H. auf getrennten Bäumen, jeweils 50 m links und rechts von der Höhle entfernt, in die beide Junge zurückgekehrt sind. Um 17.00 Uhr geht die Mutter zum erneuten Fressen auf den Baum mit dem Impala. In dieser Zeit lockt H. erneut die Jungen aus der Höhle und spielt mit ihnen, bis die Mutter zurückkommt und die Kleinen in die Höhle bringt. Jetzt lockt H. die Jungen mit leisem Maunzen aus der Höhle. Diese kommen an der Mutter vorbeilaufend zu H. und spielen zehn Minuten mit ihr, was von der Mutter mit gelegentlichem Drohen und Fauchen begleitet wird, ihr jedoch keinen Anlaß zum Eingreifen bietet. Ein Junges geht zur Mutter, um zu trinken, das andere spielt weiter mit H., die danach zum Baum mit dem Impala geht und frißt.

7.1.94: 6.00 Uhr. Die Mutter liegt am Eingang der Höhle, H. 3 m daneben, wird von der Mutter angedroht. Die Kleinen pendeln zwischen Mutter und H. ständig hin und her, betreiben für ein paar Minuten Objektspiel mit einem Strauch. H. verschwindet plötzlich tief geduckt, weil sie in der Ferne einen Masai gesehen hat. Sie kommt bis zum Abend nicht wieder. Die Mutter bleibt mit ihren Jungen ungestört liegen.

8.1.94: Die Mutter liegt unmittelbar vor dem Höhleneingang. Die Kleinen verlassen die Höhle durch einen bisher von uns unentdeckten ‚Nebeneingang' und spielen mit H.

8.3.94: 6 km entfernt von dem bisherigen Aufenthaltsort fliehen Mutter und Kinder nach einer Auseinandersetzung mit einer Gepardin auf einen Baum, H. beobachtet das aus 500 m Entfernung von einem anderen Baum aus ohne Kontaktaufnahme. Alle bleiben auf ihren Bäumen bis zum Einbruch der Dunkelheit.

9.3.94: H. wird vom Geparden gejagt und in den Rücken gebissen. Sie rettet sich auf einen Baum, der 100 m neben dem steht, auf dem gestern die Mutter mit den Kindern lag.

10.3.94: H. ist am gleichen Platz wie gestern. Mutter und Kinder werden nicht gesehen.

19.3.94: 6.00 Uhr. Mutter und Kinder fressen an einem von H. gestern geschlagenen Impala, von dem schon in der Nacht eine größere Menge gefressen sein muß. Die Mutter frißt jetzt in 55 Min. so viel, daß wir vermuten, sie habe in der Nacht nichts gefressen.

3.5.94: Mutter droht einem jungen Leoparden, der nicht identifiziert wird, aber nach der Körperform H. sein könnte. Das Gras ist sehr hoch und die Leoparden schleppen z.Zt. ihre Beute nicht auf Bäume.

5.5.94: H. springt von einem Baum in der Nähe der im Gras verborgenen Jungen, auf dem sie über 4 Std. geruht hat, verschwindet im Gras.

10.6.94: H. ruht wenige Meter neben einer ebenfalls ruhenden Tüpfelhyäne unter einem Baum mit Beute. 200 m entfernt dösen Mutter und Kinder.

15.6.94: Die Mutter knurrt einen Leoparden an, der sich im hohen Gras einem Baum mit ihrer Beute nähert, es könnte H. sein.

16.6.94: Der gestern abend noch fast unberührte Thomsongazellenbock ist nahezu völlig aufgefressen, obwohl Mutter und Junge am Vorabend bereits volle Bäuche hatten. Mehrfach sehen wir im hohen Gras einen jungen Leoparden, den wir aber nicht sicher als H. identifizieren können.

17.6.94: 500 m von dem Baum mit der Thomsongazelle von gestern entfernt hängt ein totes Grantgazellenweibchen in einer Astgabel. H. liegt dabei, hat kaum davon gefressen. 100 m weiter liegt ein Junges, geht dann zum Baum mit dem Riß, H. verschwindet, das Junge frißt jetzt. Später frißt auch die Mutter von der Grantgazelle, am Abend sehen wir H. noch einmal am Riß.

3.10.94: Wir finden frühmorgens zwei Risse in Bäumen, die 800 m auseinderstehen. Die beiden Jungtiere liegen getrennt voneinander im Gras bzw. auf einem Termitenhügel. Fast drei Std. später ist der Thomsongazellenriß von dem einen Baum verschwunden. Wir finden ihn – am Gehörn eindeutig identifizierbar – in einem Baum in der Nähe eines Korongo, 100 m daneben liegt H. Sie wird von Tüpfelhyänen auf den Baum mit dem Riß getrieben, frißt daran, kommt später wieder herunter. Eine Std. später sehen wir den Sohn an demselben Riß fressen. Wer auch immer diese Gazelle geschlagen hat, H. und ein Kind des letzten Wurfs haben mit wechselseitiger Billigung daran gefressen.

21.11.94: H. erbeutet ein Impala, an dem ihre jüngeren Geschwister mit fressen.

Nach unserer Auffassung handelt es sich bei dem, was uns die zwölf Monate alte Leopardin H. bei der Aufzucht ihrer beiden Geschwister aus dem nächsten Wurf zeigte, um Helferverhalten. Es wurde erstmalig bei einer jungen Leopardin festgestellt, daß sie ihrer Mutter bei der Aufzucht des nächsten Wurfes half. Diese Hilfe bestand in der Beschaffung von Beute, deren Bewachung und Sicherung vor Tüpfelhyänen und in der Gegend reichlich vorkommenden Löwen in dem ungehindert gewährten Zugang zu dieser Nahrungsquelle für Mutter und Geschwister.

Auch das Ruhen vor der Wohnhöhle der Jungtiere, in deren Nähe, auch auf Felsen und Bäumen gehört normalerweise zu den Obliegenheiten der Mutter im Rahmen der Überwachung der Jungen und des Schutzes vor Gefahren. Die Absicherung der Wohnhöhle gegen herannahende Feinde gehört mit zum Helferverhalten, wenn auch in diesem Fall die Helferin vor den Pavianen die Flucht ergriff. Das Fliehen der Helferin kann die jungen Leoparden dazu veranlassen, sich selbst auch zu verbergen. Durch diese Tätigkeit der Helferin hatte die Mutter Zeit, selbst zu jagen, ungestört zu fressen und ohne Belästigung durch die spielwilligen Kinder zu ruhen. Wenn auch über die Funktion des Spiels Unklarheit besteht, ist es dennoch bei Jungtieren eine übliche Beschäftigung, in die ältere Artgenossen und meist Eltern einbezogen werden. Hier hat die Helferin der Mutter einen Teil dieser Arbeit abgenommen.

Es ist schwer zu entscheiden, ob Helferverhalten nicht grundsätzlich nur eine verzögerte Loslösung von der Mutter darstellt. Immerhin ist ja der Nutzen eines Helfers für sich selbst nicht gering. Als Helfer können Leoparden das vertraute Gebiet mit wahrscheinlich sehr guten äußeren Lebensbedingungen weiterhin nutzen. Sie haben Vorteile durch die Gegenwart der Mutter, die ihren Lebensraum ohnehin gegen Feinde verteidigt, die alle Ressourcen kennt und mit dem Helfer so vertraut ist, daß sie diesen nicht oder zumindest nicht so energisch bekämpft wie fremde Artgenossen.

Helferleoparden haben natürlich auch eine gewisse Aussicht, bei Alterstod, Gefressenwerden oder Unfall der Mutter Territorien oder Streifgebiete als unmittelbare Nachfolgerin zu übernehmen. Oft steht auch in der Umgebung, in die ein Tier auswandern müßte, wenn es sich nicht als Helfer betätigt, kein Raum zur Verfügung. Das umgebende Land mag ungeeignete Lebensbedingungen bieten oder mit Artgenossen dicht besetzt sein. Das kann u.U. die Teilnahme an der Fortpflanzung ausschließen. Vielfach sind Helfer, wenn sie ihre Mutter-Kind-Einheit verlassen, in einer ihnen unbekannten Welt allerlei Gefahren ausgesetzt, für deren Bewältigung sie möglicherweise noch gar nicht reif sind. Manche Verhaltensweisen sind zu diesem Zeitpunkt noch nicht vollständig entwickelt und können nun in vertrauter Umgebung trainiert werden. Am deutlichsten wird das beim Jagen der Raubtiere. Bei einzeln lebenden Tieren ist auch der Umgang mit fremden Artgenossen bis hin zum Sexualverhalten, trainingsbedürftig. Nicht unerwähnt bleiben soll der genetische Vorteil. Wenn es sich bei dem Helfer um ein Geschwister der betreuten Individuen handelt, sorgt er durch diese Sorge für die Weitergabe seines eigenen Erbgutes, das ja in jedem seiner Geschwister vorhanden ist. Das ist besonders wichtig, wenn ein Helfer selbst nicht zur Fortpflanzung kommt.

Leopard und Mensch

Die Beziehungen zwischen Leopard und Mensch sind ursprünglich überwiegend durch wirtschaftliche Interessen des Menschen bestimmt gewesen. Einmal gefährdete der Leopard die Haustiere, man hielt ihn sogar für einen gefährlichen menschenfressenden Nachbarn. Sodann war sein Pelz begehrenswertes Handelsobjekt für luxuriöse Kleidung. Schließlich war die Sportjagd überseeischer Großwildjäger eine Einnahmequelle für die Landeigner, in deren Regionen Leoparden vorkamen. Erst in den letzten zehn bis zwanzig Jahren begann der Mensch, die außerordentliche Ästhetik dieser eleganten, geschmeidigen Großkatze zu würdigen. In den Kulturstaaten interessieren sich die Menschen inzwischen mehr für die faszinierende Lebensweise und die Eleganz des Leoparden als für dessen Abschuß aus Mode- oder Statusgründen. Auch aus ethischen Gründen widmet der Mensch heute der gefleckten Afrikanischen Großkatze seine Aufmerksamkeit: Leoparden sind eine weltweit von der Ausrottung bedrohte Tierart, sie stehen auf der Roten Liste.

Berührungspunkte zwischen Leopard und Menschen gab es bereits in der Frühzeit der Menschwerdung. Schon in der Olduvaischlucht in Nordtansania waren in Bett I und II der umfangreichen Ausgrabungen Skelette von Leoparden neben denen von Frühmenschen gefunden worden. Nach anthropologischen Forschungen ist es durchaus wahrscheinlich, daß diese unsere Vorfahren ihren Fleischbedarf wahrscheinlich als ‚marginale Aasfresser' deckten. Sie ernährten sich von den Resten der Beute aller Raubtiere sowie auch von verendet aufgefundenen Tieren. Sie haben dabei, wie es z.B. Blumenschine 1987 erwähnt, auch dem Leoparden seine Beute abgenommen. Es ist wesentlich leichter, einen Leoparden – weil er Einzeljäger ist – von seinem Riß zu vertreiben als ein Löwenrudel von seiner Beute. Außerdem gab es Leoparden auch in Gegenden, in denen keine Löwen oder andere Großraubtiere lebten, von denen die Frühmenschen Beutekadaver hätten übernehmen können.

Leoparden machen ja selbst da noch Beute, wo Löwen oder Tüpfelhyänen keine ausreichende Nahrung finden. An das Knochenmark als womöglich einzigem Überbleibsel von einer Gazelle kamen die Frühmenschen mit ihren Steinwerkzeugen gut heran. Gelegentlich waren die Schädel der Beutetiere noch nicht eröffnet. Unsere Ahnen konnten ihn mit einfachen Geräten zerschlagen, um an das Gehirn zu gelangen. Knochenmark und Hirn sind nicht nur nahrhaft, sondern enthalten vor allem die für den Menschen so wichtigen Phosphorverbindungen (Reichholf 1992). Es verbindet den Menschen der grauen Vorzeit mit dem Leoparden, daß die Krone der Schöpfung u.a. von den Brosamen der scheuen Großkatze lebte.

Welche Einstellung der einzelne Mensch dem Leoparden gegenüber einnimmt, hängt von seiner persönlichen Situation ab. So kann der Leopard für den Menschen verteufelter Feind der Haustiere, lockender Pelzlieferant für exklusive Kleidung, begehrtes Objekt für die Trophäenjagd oder bezauberndes Mitgeschöpf mit großartigen Lebensgewohnheiten sein. Dorfbewohner in landwirtschaftlich genutzten Gebieten, in denen Leoparden existieren, hassen die gefleckte Katze. Leoparden erbeuten gelegentlich Haustiere. Daß sie manchmal sogar zu deren inzwischen schon verfaulten Kadavern zurückkehrten, berichtet Stuart 1986. Es ist auch durchaus vorgekommen, daß sie Menschen verletzt oder gar getötet haben. Über die menschenfressenden Leoparden hat Corbett 1946 und 1947 gleich zwei Bücher geschrieben. Auch wenn es sich hierbei um indische Leoparden handelt, haben diese Berichte dazu beigetragen, den Leoparden weltweit als ein höchst gefährliches, blutrünstiges Raubtier einzustufen. Besonders schaurig ist dann die Beschreibung von Corbett 1947, daß ein Leopard einen Menschen erst über sechs Kilometer fortschleppte, bevor er ihn auffraß. Wahrscheinlich sind alle Fälle, in denen ein Leopard einen Menschen tötete, Zufälle (Turnbull-Kemp 1967). Aufrecht gehende erwachsene Menschen werden selten angegriffen, Kinder sind da schon mehr gefährdet.

Über die Seltenheit, daß Leoparden zum Menschenfresser werden, berichtet Miller 1972. Nur ein oder zwei 'man-eater' seien bekannt geworden. Dennoch zitiert er Sweeney 1959, der vom Leoparden meinte: „Diese Katze scheint in Nyassaland eine größere Neigung zu haben, Menschen anzugreifen als in vielen anderen Teilen Afrikas." Feely, der Smithers 1983 über vier Leoparden im Luangwa Nationalpark in Sambia aus den Jahren 1961 bis 1964 berichtete, teilte uns 1971 (pers. Mitt.) mit, daß auch im Vendaland ein Mensch in besiedelter Gegend von einem Leoparden getötet worden sei. In der Chambeshi-Gegend soll 1936 und 1937 ein Leopard 67 Menschen getötet haben. Das Tier selbst kam zu Tode, als er – bei einem Angriff von hinten auf einen Fischer – in dessen Speer hineinsprang, den der Mann nach hinten zeigend geschultert trug (Brelsford 1950a).

Leoparden leben sehr gern auch in dichtbesiedelten Gebieten. Guggisberg 1966-68 erwähnt eine beträchtliche Zahl von Leoparden, die in den mit Waldstrecken durchsetzten Gartenvororten von Nairobi lebten. Wir selbst haben 1969 mit Engländern und einer Belgierin gesprochen, denen die Leoparden vor ihren Augen Hunde aus den Gärten herausgeholt haben. Der Leopard bringt es fertig, sehr nahe an seine Beute heranzuschleichen, das bestätigt auch Guggisberg 1966-68.
Teer und Swank 1977 betonen, daß Leoparden selbst in dicht besiedelten Gegenden am Rande einer Stadt leben können, weil sie so heimlich sind.

Großfarmer mit riesigen Viehbeständen sind oft recht großzügig in der Duldung der gefleckten Katze, zumindest solange sie ihre Bestände nicht allzu sehr dezimiert. Nach Sindiyo 1977 gibt es in Kenia viele weiße Farmer, die ihre Viehbestände von Leoparden überhaupt nicht bedroht sehen. Der Einfluß von Leoparden auf Haustierbestände hängt davon ab, ob gleichzeitig Wildtiere in der Gegend leben. Poort 1977 schildert die Situation aus früheren Zeiten auf den großen Farmen im früheren Südwest-Afrika, dem heutigen Namibia, mit Tausenden von Rindern, Schafen und Ziegen. Fielen hier zwei oder drei Kälber dem Leoparden zum Opfer, wurde er daraufhin erschossen, statt dem Gefleckten diesen kleinen Tribut zu gönnen. Es hat Poort viel Mühe gekostet, die Farmer in dem Lande davon zu überzeugen, deswegen die Leoparden nicht gleich zu erschießen: „Es hängt davon ab, wieviel wilde Tiere in der Gegend leben, wo der Leopard sich aufhält. Sehen Sie, wenn dort Wildtiere sind, der Leopard wird zuerst Kudu, dann Springböcke, dann Berg- oder Steppenzebra oder was es sonst noch gibt, Steinbock oder Ducker, nehmen. Nur wenn kein Wild vorhanden ist, kann der Leopard nicht hungrig bleiben. Jetzt muß er an die Kälber gehen, das ist der Grund." ... „Wenn man Wildtiere und Haustiere zusammenhält in einem bestimmten Prozentsatz, wird der Leopard dem Farmer überhaupt keinen Schaden zufügen." Das bestätigt auch Wilson 1977. Leoparden erweisen sich manchmal sogar insofern als nützlich, als sie Schakale, Affen und Buschschweine etwas abschrecken. Diese Arten werden von allen Bauern gefürchtet, die Schakale holen gelegentlich neugeborene Schafe und Ziegen, Affen und Schweine können die Felder oft erheblich verwüsten. Sie sind daher für die Farmer 'Schädlinge' und ihnen nicht besonders sympathisch. Wenn die Haustiere der

Masai von Leoparden getötet werden, kann man nicht erwarten, daß diese über die Raubkatze glücklich sind (Sindiyo 1977). Astley Marberley 1956 berichtet, daß sich in seinem Farmgelände in Transvaal Affen und Buschschweine stark vermehrt hätten, weil die Leoparden – als deren Hauptfreßfeinde – durch die Jagd stark dezimiert seien. Der populationsökologische Zusammenhang, daß ein Bestand nie in erster Linie durch Freßfeinde von der Ausrottung bedroht wird, war ihm noch nicht bekannt. Dabei hätte er eigentlich die Wechselbeziehung erkennen können, daß gerade in seinem Gebiet nur der verstärkte Anbau der Feldfrüchte zur Vermehrung der Paviane und Buschschweine geführt hatte. Aber auch Mutinda 1977 glaubt, daß Paviane und Meerkatzen in den Taitabergen die Ernten bedrohen, weil die Leoparden als ihre große Freßfeinde getötet wurden. Wir wollen nicht bezweifeln, daß Paviane, die mit Leoparden im gleichen Gebiet leben, vorsichtiger und weniger dreist sind. Auch auf andere Tierarten, die Ernten gefährden, können Leoparden abschreckend wirken. Sicher töten sie auch hin und wieder das eine oder andere Tier dieser ‚Feldräuber‘. Aber auf deren Populationsgrößen hat das kaum einen meßbaren Einfluß. In Südafrikas Kapprovinz werden nach Esterhuizen und Norton 1985 pro Jahr etwa 500 Haustiere von Leoparden geschlagen und dafür mindestens 20 Leoparden getötet. Für den Rückgang der Leopardenbestände in Afrika geben Paradiso 1977 wie auch Eaton 1976 an, daß Farmer zum Schutze ihrer Haustiere Raubtiere vergiften.

Es gibt Schaf- und Ziegenhalter, die für ihr Vieh gefährlich werdende Leoparden mit Cuputox vergiften. Auch viele andere Gifte, meist Pflanzenschutzmittel, sind dafür in Gebrauch. Manche Leoparden – aber auch Löwen – hatten diese Gefahr irgendwie erkannt. Sie mieden nach einer gewissen Zeit alle, auch die für die Sportjagd aufgehängten nicht vergifteten Köder, weil sie den Menschengeruch erkannten (Sindiyo 1977). Wahrscheinlich bemerken Leoparden nach Meinung Hamiltons 1977 auch das Gift selbst im Köder, ohne durch den Geruch nach Menschen gewarnt zu sein. Hamilton sah Leoparden an Giftköder herangehen, dann aber keinen Bissen davon fressen sondern verschwinden.

Zum Schutze des Viehs, aber auch aus Gründen der Pelzwilderei gibt es auch noch andere Tötungsmethoden. Entlang der häufig benutzten Wechsel der Leoparden werden sie durch Giftpfeile getötet, die von einem im Gelände befestigten Bogen abgeschossen werden. Diesen lösen die Leoparden durch Berührung einer Schnur selbst aus, wie der Berufsjäger Archer 1977 aus Kenia berichtet. Auch der Fallenfang wird von der örtlichen Bevölkerung betrieben, leider werden auch dabei Drahtschlingen benutzt, in denen alle sich darin fangenden Tiere grausam zu Grunde gehen.

Hamilton 1974 stellt auf Grund seiner Untersuchungen an Leoparden im Tsavo Nationalpark in Kenia die Frage, ob Leoparden, die Haustiere schlagen, getötet oder in Fallen gefangen und in Nationalparks freigelassen werden sollten. Dort könnten sie überleben, ohne mit dem Menschen in Konflikt zu geraten. Freilich diskutiert er nicht die Problematik, was aus solchen umgesiedelten Tieren wird. Sie sind im neuen Lebensraum immer großem Konkurrenzdruck durch dort bereits etablierte Artgenossen ausgesetzt. So betont Mutinda 1977, daß im Tsavo Nationalpark in Kenia ausgesetzte Leoparden von ortsansässigen Artgenossen verdrängt wurden und aus dem Nationalpark wieder ausgewandert sind. Gibt es im Gebiet der Aussetzung keine anderen Leoparden, beweist das, daß die Art dort aus ökologischen Gründen nicht überleben kann.

Es gefiel dem südwestafrikanischen Farmer Poort 1977 nicht, daß sein Vater auf der eigenen Farm, die allerdings nur klein und mit wenig Vieh bestückt war, zwischen 1907 und 1961 insgesamt 269 Leoparden tötete. Deshalb war Poort der erste Farmer in diesem Land, der

Leoparden lebend in Fallen fing. In den wenigen Jahren ließ er 111 Leoparden wieder frei, im Etoscha Nationalpark in Namibia, im Krüger Nationalpark in Südafrika und sogar einige in überseeischen Ländern. Er lieferte keine gefleckte Katze an Zoos: „Ich liebe es nicht, Leoparden in einem Zoo zu sehen." Leider blieben die freigelassenen Leoparden nicht in ihren Aussetzgebieten. Von elf Leoparden, die er in der Etoschapfanne freiließ, kehrten sechs auf seine Farm zurück, der erste nach fünf Monaten, ein wunderschönes Männchen. Der letzte – ein Weibchen – kam nach zwei Jahren und vier Monaten. Poort hatte diese umgesiedelten Leoparden während der Betäubung beim Einfangen tätowiert, mit Ohrmarken versehen und ihnen bestimmte Löcher in Zähne gebohrt, so daß die Identifikation der Individuen ganz zweifelsfrei möglich war. Die Entfernung zwischen der Etoschapfanne und der Farm betrug 800 km Luftlinie. Poort weist auf die vermutlichen Umwege hin, die wohl von den Tieren gemacht wurden und meint, daß sie wirklich große Strecken zurückgelegt haben müssen. Die Rückkehr dieser Leoparden ‚nach Hause' hat den Autor sehr berührt.

Daß Leoparden leicht in die Falle gehen, war im übrigen eine Voraussetzung für die Untersuchungen von Bailey 1993. Er fing seine Leoparden in Fallen und markierte sie mit Radiosendern. Viele dieser Leoparden gingen mehrfach in Fallen, z.T. sogar mehrfach am gleichen Ort in dieselbe Falle. Safartouristen und -unternehmer messen dem Leoparden einen großen Wert bei. Guggisberg meint 1966-68, daß ein ungestörtes Verhalten des Leoparden gegenüber Menschen in Kraftfahrzeugen damit zusammenhängt, daß sich die Jungtiere schon als Welpen an den Anblick von Kraftfahrzeugen gewöhnt haben. Das können wir bestätigen, denn die von Pölking 1995 beschriebene Leopardin Half Tail kennen wir seit Jahren als überhaupt nicht scheu vor Menschen und Fahrzeugen. Ihre Kinder sind von frühester Jugend an mit Touristen vertraut und kommen spontan nahe an deren Fahrzeuge heran (s. Anhang). Es gehört zu den absoluten Höhepunkten einer noch so kurzen und eiligen Afrikasafari, einen Leoparden zu sehen. Für ernsthafte Tierfotografen ist der Leopard ein höchst begehrtes Objekt. Für manche Naturfreunde bedeutet eine längerdauernde Beobachtung eines Leoparden die Erfüllung vieler Träume. Die beobachtende Begleitung eines persönlich bekannten Leoparden auf seinem Lebensweg über Jahre gibt tiefe Einblicke in das Leben der gefleckten Großkatze. Die Ansammlung von zehn bis zwanzig Safarifahrzeugen um einen Baum, auf dem ein Leopard sitzt, erreicht für uns (und sehr oft wohl auch für den Leoparden) die Grenze des Erträglichen. Vielsprachiges Schnattern und Johlen, Pfeifen und Gestikulieren sind einfach miserable Kulissen für Leopardenbeobachtungen. Wir meiden solche Orte, merken uns den Platz und kehren später dorthin zurück. Länger als einige Minuten halten die meisten Touristen es ohnehin nicht aus, zumal Leoparden bei solchen Belagerungszuständen meist recht inaktiv sind. Wenn die erste Welle der Touristen weitergefahren ist, muß man in der nächsten halben Stunde mit dem zweiten Ansturm rechnen, weil jeder Fahrer seine Kenntnisse von einem eben gesehenen Leoparden stolz an andere weitergibt. Aber auch diese Einkesselung geht vorüber – und dann hat der Interessierte ‚seinen' Leoparden für sich allein.

Wer glaubt, man könne Afrikas Tierwelt in wenigen Tagen kennen lernen, muß wohl notgedrungen diesen Stil des Eilzugtourismus hinnehmen. Und wenn es auch nur wenige Minuten waren und der dichtbelaubte Baum fast nichts von der gefleckten Katze erkennen ließ – man hat zumindest eine gesehen. Aus der Sicht der Naturbewahrung – von der der Leopard ja auch seinen Nutzen hat – sind alle Touristen wichtig, denn sie bringen Devisen ins Land. Wenn sie nur nicht oft so rücksichtslos kreischen würden! Ehrlich gesagt, stört es den Leoparden oft weniger als die Beobachter. Für uns und viele andere gehören Ruhe und Stille dazu, um ein so seltenes, schönes Tier nachhaltig auf uns wirken zu lassen.

Artenschützer haben mit dem Leoparden Probleme. Weltweit ist die Art stark von der Ausrottung bedroht. „In Kenia und Tansania muß der Leopard früher erstaunlich häufig gewesen sein, doch ist der Bestand durch übermäßige Jagd", so meint Guggisberg 1966-68, „sehr stark zurückgegangen". Pelzhändler und ihre gut betuchten, oft extravaganten Kundinnen schätzten das Fell des Leoparden hoch ein. Ihnen ist durch den riesigen Verbrauch von zumeist gewilderten Fellen ein starker Rückgang der Bestandszahlen des Gefleckten anzulasten, bis die Maßnahmen des Washingtoner Artenschutzabkommens und der CITES den Handel mit diesen Fellen verboten. Schon Astley Marberley 1956 meinte, daß eine Frau, die ein Kleidungsstück aus Leopardenfell trägt, bedenken sollte, daß dafür Tiere leiden müßten und das sei ein hoher Preis. Die Kampagne mit den Argumenten, daß an jedem Kleidungsstück aus Leopardenfell viel Blut klebe und ein unsägliches tierliches Leiden, war ein wichtiger Beitrag zum bisherigen Erfolg des Leopardenschutzes. Diese Entwicklung kann künftig Modellcharakter haben, weil sie zeigt, daß Aufklärung über das Leiden genutzter Tiere die menschliche Seele aufrüttelt. Dann nämlich kommt die Frage, ob der Preis für ein Kleidungsstück, an dem so viel Blut und Leid kleben, nicht zu hoch ist.

Für die weltweite Bedrohung des Leoparden gibt es in den letzten Jahrzehnten zwei Gründe: Wilderei und Zerstörung des Lebensraums (Poole 1977). Nachdem – wie erwähnt – durch das Artenschutzabkommen der Fellhandel unter Kontrolle gekommen ist und sich das Modebewußtsein der reichen Pelzträgerinnen gewandelt hat, ist die Wilderei auf Leoparden in Afrika deutlich eingedämmt. In vielen afrikanischen Ländern sind Wildererbekämpfungsmaßnahmen eingeführt worden, die durchaus erfolgreich waren. Dagegen hat sich die Besiedelung und Zerstörung des Lebensraumes des afrikanischen Leoparden teilweise erheblich verstärkt.

Aus der Zeit, in der viele Tiere als Bestien galten und ihre Bezwinger als Helden gefeiert wurden, stammt der Bericht von Akeley und Akeley 1931. Der amerikanische sogenannte Naturfreund Carl Akeley wurde von einem Leoparden übel zugerichtet. Von Tierliebe getrieben, hatte er ihn angeschossen und wollte ihn im zweiten Anlauf dann endgültig totschießen. Er schildert pathetisch, wie er dem durch die Luft auf ihn zufliegenden, von ihm angeschossenen Leoparden in die Augen sah. Seine ‚treue' Handfeuerwaffe wurde ihm aus der Hand geschlagen, nun hielt er den Leoparden in seinen Armen. „Siebzig Pfund einer wilden blutrünstigen Katze." Der tapfere (Großwildjäger) tötete seinen Gegner mit seinen (eigenen) Händen durch Erwürgen und indem er ihm (dem Leoparden) die Rippen brach.

Bei eigenen Begegnungen mit Leoparden in vielen Teilen Afrikas haben wir uns über hundert verschiedenen Individuen auf Fotografiernähe genähert oder die Leoparden haben uns so nahe an sich herankommen lassen. Dabei haben sich die Tiere nie aggressiv verhalten. Es hat uns auch kein einziger angegriffen. Ebenso ist uns nie langgezogenes gurgelndes Fauchen zu Ohren gekommen.

Unzählige Leoparden, denen wir oder andere Menschen begegneten, erwiesen sich als ausgesprochen friedlich. Sie zeigten oft so wenig Scheu, daß man sich im Fahrzeug ihnen auf wenige Meter nähern konnte. Manchmal haben wir einen Leoparden zwischen stehenden Fahrzeugen, die nur einen Meter Raum zwischen sich ließen, hindurchgehen sehen, ohne daß er von den Menschen Notiz nahm. Manch ein Touristen-Minibus hat mit offenem Schiebedach direkt senkrecht unter einem Leoparden gestanden, der auf einem Ast ruhte.

Es gibt einige Berichte über unmittelbaren, friedlichen Körperkontakt zwischen freilebenden Leoparden und Menschen. So beschreibt Hinde (1992), wie sich ihm aus 150 m Entfer-

nung ein junger männlicher Leopard näherte. Hinde saß auf dem Fahrersitz eines Landrovers, dessen Tür abmontiert war, wobei seine Beine ins Freie hingen. Der Leopard schnüffelte an seinen Lederschuhen und ließ seine schwarze Nase schnell über sie hinweggleiten. Dabei stieß er einen Fuß Hindes leicht zurück. Mensch und Leopard blickten einander friedlich in die Augen. Der Leopard und auch Hinde selbst hatten keine Furcht.

Der französische Fotograf Denis-Huot berichtete uns, er habe am 9. Oktober 1994 vor seinem Zelt gesessen und ein frisch gebratenes Kotelett verzehrt. Plötzlich tauchten die beiden fast erwachsenen Leopardenkinder Taratibu und Mang'aa (vgl. Anhang) auf und näherten sich ihm auf wenige Meter. Daraufhin zog sich der Fotograf behutsam ins Zelt zurück, um zuzusehen, wie die Leoparden die Reste seines Kotelett auffraßen. Später kam er vorsichtig aus dem Zelt heraus und setzte sich auf seinen Feldstuhl. Nun näherten sich ihm die beiden Leopardenkinder. Sie schnüffelten an seinen Füßen, Beinen und Knien und nahmen die restlichen noch ungebratenen Koteletts zu sich. Am nächsten Tag, dem 10. Oktober 1994 erlebten wir selbst, wie die beiden Leopardenkinder an unseren Landcruiser herankamen. Mang'aa beschäftigte sich mit den Reifen und kroch unter unserem Auto umher. Taratibu richtete sich an der Stoßstange unseres Wagens auf und erkletterte den Kühler. W.H. stand hinten aufrecht im Fahrzeug, während H.H. durch die Windschutzscheibe das Geschehen zu fotografieren versuchte und sich dazu langsam erhob. Dieses Aufrichten störte die fast einjährige Leopardin überhaupt nicht. Mit größter Aufmerksamkeit verfolgte sie unsere Bewegungen. Zwei Menschen und ein Leopard blickten einander in gleicher Höhe in die Gesichter. Und beide Seiten hatten keine Furcht. Bemerkenswert ist, daß die Leopardin die Kühlerhaube buchstäblich mühsam erkletterte, von Geparden sind wir es gewohnt, daß sie auf unserem – oder anderen – Autos in elegantem Sprung landeten. Im allgemeinen greift der Leopard nach Ansicht der Kenner Menschen nicht an, er weicht vielmehr, meist vom Menschen ungesehen, aus und versteckt sich.

Eine elf Monate alte Leopardin klettert auf die Kühlerhaube unseres Landcruisers

Die Jagd auf Leoparden

Großwildjäger sind ganz wild auf Leoparden. Viele räumen ihm in der Liste der sogenannten ‚Big Five' (Löwe, Nashorn, Elefant, Büffel, Leopard) den ersten Platz in der Prestige-Skala ein. Um den Leoparden ranken sich auch viele Jagderlebnisse, die einen an das berühmte Jägerlatein denken lassen. Nach Guggisberg 1966-68 kommt es in Ostafrika selten zu unprovozierten Angriffen auf den Menschen, jedoch sind viele Unfälle bekannt geworden, die durch auf der Jagd verletzte angeschossene Leoparden verursacht wurden. Diese Gefahr macht „die Verfolgung eines verwundeten Leoparden immer zu einer gefährlichen Angelegenheit" (Guggisberg 1966-68). Bei Angriffen von Leoparden können Jäger zwar schwere Verletzungen davontragen, kommen jedoch meist mit dem Leben davon. Großwildjäger scheinen ganz andere Erfahrungen oft sogar mit demselben Leoparden zu machen als andere Menschen.

„Leoparden werden meist am Köder geschossen, sie gehen jedoch leider auch sehr leicht in die Falle" (Guggisberg 1966-68).

Der auf Leopardenpirsch befindliche Jäger und Autor eines von der Deutschen Lufthansa editierten Buches, Lechner 1989, berichtete: „Ich stand damals in der offenen Dachluke eines VW-Busses, ... da entdeckte ich in gut 100 m Entfernung einen auffällig dunklen Fleck – eher den Schatten eines Umrisses – im leicht wogenden, sandfarbenen Savannengras: kein Zweifel, ein sich hinduckender Leopard! ... Langsam näherten wir uns dem vor uns kauernden Tier, das plötzlich seinen rundlichen Kopf hob und uns wie gebannt anstarrte, ohne, wie etwa ein Löwe, einen Laut von sich zu geben. Frei im Wagen an der Schiebedachluke stehend ... erwartete ich aus dieser sicheren Kanzelposition Sprung und Flucht dieses Wildtiers ... Doch es kam ganz anders! Knappe 10 m von der Katze entfernt, erfolgte deren blitzartiger Angriff auf unser sich langsam näherndes Gefährt. Mit langgezogenem, heiser gurgelndem Fauchen und mit vor Wut gefletschtem Fang stürmte uns ein starker Leopard, drei- bis viermal laut und zornig brüllend, entgegen. Während ich mich vor Entsetzen einfach ins schützende Innere des Wagens fallen ließ, ... schnellte das von uns gereizte Tier mit gewaltigem Sprung etwa 1-2 m vor der Windschutzscheibe hoch, drehte dann aber im letzten Augenblick, kurz vor dem Zusammenprall, blitzschnell ab und tauchte mit langen Fluchten im dichten Steppengras unter. Ein Spuk! Wir waren wie gelähmt!" Man fragt sich dabei, wie ein Leopard wohl einen solchen Richtungswechsel während des Sprunges in der Luft ohne Seitenruder fertigbringt?

Mit ihren geringen biologischen Kenntnissen blamieren sich einige der Großwildjäger sehr. Myers 1977 berichtet, daß er und seine Jagdfreunde Geparden schossen, die sie für Leoparden hielten.

Obwohl der Leopard als von der Ausrottung bedrohte Art eingestuft ist, wird er in vielen Teilen Afrikas immer noch und in einigen Ländern erst wieder seit kurzem wegen seiner Trophäe bejagt. In einigen Gebieten ist die Ausrottung noch nicht so groß. Dort sind dann aber Großwildjäger und Behörden, die den Abschuß gestatten, schnell mit der Behauptung zur Hand, Leoparden seien ‚Schadtiere'. Diese in unserer aufgeklärten Zeit längst überholte Einteilung in Nutz- und Schadtiere behalten sie bei, oder beleben sie neu. Gleichzeitig halten sie sich für staatlich geprüfte ökologisch versierte Naturschützer. Nachdem die Felle

Für Großwildjäger auf Leopardenjagd aufgehängter Köder

für den Pelzhandel praktisch wertlos geworden sind, geht es ihnen nur noch um die Trophäe. Aber auch als Heimschmuck für die letzten kahlen Stellen der sonst trophäenüberladenen Wände des großwildjägerlichen Heimes dürfen Leopardenfelle bald ausgedient haben. Die Zollbehörden in den Kulturländern verbieten deren Einfuhr und beschlagnahmen sie.

Wenn die Jagd einer bedrohten Tierart unter kontrollierten Bedingungen und innerhalb bestimmter Grenzen gestattet wird, sollte man annehmen, daß dafür wissenschaftlich fundierte Grundlagen vorliegen, die die Jagd gestatten, ohne die Bestände zu gefährden. Das ist aber mitnichten so.

In einer umfangreichen Arbeit haben Teer and Swank 1977 zu dem Thema der Bejagung von Leoparden wichtige Beiträge geleistet. Diese beiden Interviewer sind Naturschutz-Experten in den USA und dort ökologische und Game-management Berater. Sie haben über Fragebögen oder durch Interviews 33 offizielle, mit dem Naturschutz beauftragte Fachleute zu Worte kommen lassen. Einige von diesen sind selbst Jäger, andere hohe Politiker. Fünf von ihnen stammen aus Kenia, vier aus Südafrika, drei aus Tansania, je zwei aus Botswana und aus Sambia und jeweils einer aus Äthiopien, dem Sudan, Namibia, Simbabwe, Zaire, Uganda, der Zentralafrikanischen Republik. Unter den übrigen Teilnehmern dieser Studie sind drei Fachleute von der IUCN in der Schweiz und einer von der FAO in Rom, sowie schließlich noch einer aus der Wildhüterschule Garua in Kamerun. Ein für die IUCN sprechender Interviewpartner gehört zum Lehrkörper der Wildhüterschule Mweka in Tansania. Nur zehn der über die Situation eines afrikanischen Tieres befragten Offiziellen waren schwarze Afrikaner, die übrigen Europäer, lediglich über eine Person aus der Zentralafrikanischen Republik, die als anonym gilt, läßt sich eine solche Aussage nicht machen.

Aus allen Interviews geht hervor, daß kein einziger dieser Experten seine Entscheidungen über die Fortführung oder Wiederaufnahme der Jagd auf Leoparden mit wissenschaftlichen Daten belegen konnte. Dabei wurden diese Fachleute von Interviewern ausdrücklich danach gefragt, auf welche Fakten sie ihr Urteil über die Bejagung des Leoparden gründeten. Sie alle meinten, glaubten, vermuteten, nahmen an, dachten, gingen davon aus, hielten es für wahrscheinlich oder verwendeten andere Bekundungen unzureichender Kenntnisse, daß die Sportjagd dem Leopardenbestand nicht schaden könne. Einige gaben zu, daß ihnen korrekte Daten für solche Aussagen fehlten oder daß z.B. überhaupt vom Leoparden viel zu wenig Wissenschaftliches bekannt sei. Cotzee 1977 traut den Farmern im damaligen Südwest-Afrika, dem heutigen Namibia, zu, manche Leoparden doppelt gezählt zu haben, wenn diese die Farmgrenzen überschritten. Nach Vincent 1977, einem Offiziellen des Naturschutzes in Natal ist in dieser südafrikanischen Provinz – wie überhaupt überall in Südafrika – über Leoparden kaum wissenschaftlich gearbeitet worden. So beruhen seines Erachtens alle Bestimmungen zum Schutze der gefleckten Großkatze auf persönlichen Meinungen oder Schätzungen. Auch Teer und Swank 1977 kommen zu dem Schluß, daß es im gesamten afrikanischen Kontinent keine umfassende Studie über den Leoparden gibt, denn „er sei sehr schwer zu zählen". Rodgers 1977, der über zehn Jahre im Selous Wildschutzreservat in Südtansania lebte, beklagt, daß über den Leoparden in ganz Afrika wenig bekannt sei, auch nichts über seine Bestandsgefährdung durch Bejagung. Nur einer der zur Sportjagd befragten Experten erklärte, „wir sind mehr interessiert an Menschen, die ihre Kamera benutzen anstelle eines Gewehrs" (Hammoud Abu Sineina 1977). Zu dem Zeitpunkt, als dieser Autor das erklärte, war allerdings die Leopardenjagd in seinem Land, dem Sudan, verboten.

Studien über die Anzahl und die Verteilung von Leoparden sind z.B. aus dem Transvaal nicht bekannt, dennoch wird die Art dort bejagt (Du Plessis 1977). Bestände an Leoparden werden allenfalls geschätzt, wobei nie wissenschaftlich einwandfreie Zählmethoden verwendet werden. Mutinda 1977 berichtet aus dem Kisumu-Distrikt in Kenia, daß dort die Bauern Leopardenabschüsse fordern, weil ihre Schafe und Ziegen gerissen werden. Derselbe Autor berichtet über entsprechende Wünsche der Bauern aus anderen Distrikten in Westkenia. Er beklagt aber auch, daß es viel zu wenig Daten aus dem Leben des Leoparden gibt. Zaphiro 1977 meint, daß Leoparden, wenn sie einer starken Verfolgung ausgesetzt sind, sich in die tiefste Verborgenheit zurückziehen, „sie werden geradezu andere Tiere" meint er. Dieser früher berühmte Wildschutzbeamte durchstreifte von 1974 bis 1977 zu Fuß Nordkenia und legte dabei 3.200 km zurück. Auf dieser Safari hat er so wenig Leopardenspuren gesehen, daß „er sie an einer Hand abzählen kann". Gleichwohl nimmt er nicht gegen die Jagd Stellung.

Nicht immer spielt Profitdenken eine Rolle, wenn Kenner der Verhältnisse Leoparden zum Abschuß für Trophäenjäger freigeben. So fand Poort 1977 es sinnvoll, wenn die Farmer Leoparden zum Abschuß für Sportjäger auf ihren eigenen Farmen freigaben. Die Landeigner konnten die Preise selbst bestimmen und damit die Schäden kompensieren, die eventuell von Leoparden an den Haustieren angerichtet wurden. Poort hält die Jagd auf Leoparden aus allen anderen Gründen für nicht vertretbar, wie schon im vorigen Kapitel zum Ausdruck kommt.

Es drängt sich der Eindruck auf, als hätte die Welt noch nicht gelernt, bei eingreifenden Entschlüssen auf allen Gebieten, auch in der Umweltbewahrung und im Naturschutz, Denken und Handeln in ein vernünftiges Gleichgewicht zu bringen. Gutgläubig wird zunächst gehandelt. Wenn dann das Ergebnis des Handelns die anfänglich naive Gutgläubigkeit als Fehler offenlegt, wird gejammert. Zum Schluß – oft zu spät – wird der Nachweis geführt, warum bestimmte Handlungen nicht auf solche Blauäugigkeit oder Vermutungen gestützt werden sollten. Zunächst schießt man Leoparden unter der Prämisse: Das schadet den Beständen bestimmt nicht. Dann beklagt man den Rückgang der gefleckten Großkatze und findet dafür tausend andere Gründe als die Jagd. Schließlich wird der Beweis erbracht, daß die Jagd Ursache für das Verschwinden oder die starke Dezimierung ist. Nun bekämpft die Lobby der Trophäenjäger zu ihrem Selbstschutz diese Erkenntnis. Man zuckt die Achseln und schießt weiter – woanders. Man verlegt einfach die Trophäen-Schießgründe dorthin, wo es noch Leoparden gibt. Von vielen ausgerotteten Tieren, auf die munter Jagd gemacht wurde, hat man erst nach ihrer Ausrottung die Jagd dafür als Ursache gefunden. Ziswiler 1966 hat für eine Reihe von Tierarten, die ausgerottet sind, die Gründe nachträglich aufgelistet. Auch die Red Data Bücher der IUCN bringen unter der Rubrik ‚Reasons for Decline' (Gründe für den Rückgang) bei vielen Tierarten und -unterarten die Jagd als Grund für das Schrumpfen der Bestände. Daher sollte in Zukunft immer erst mit Sorgfalt die Unbedenklichkeit aller Maßnahmen abgeklärt werden. Dieser Trend wird sich nun unaufhaltsam durchsetzen. Verbindlich für den WWF äußert sich dazu Grimm 1992, wenn sie zusammenfaßt: „Es muß der wissenschaftlich fundierte Nachweis erbracht werden, daß die Jagd keine negativen Auswirkungen auf die betroffene Art hat, weder lokal noch im gesamten Verbreitungsgebiet. Dies muß von den Behörden kontrolliert sein." Fast alle hier angeführten Nachweise stehen für den Leoparden aus, es liegt ein großer Nachholbedarf für den Erwerb entsprechender Kenntnisse vor. Damit wird der WWF die Trophäenjagd auf Leoparden nicht eher tolerieren, als bis die von ihm geforderten Nachweise auf dem Tisch liegen. Rodgers 1977 hat Recht, wenn er meint, daß man die Adepten der Sportjagd durch besonders seltene Tierarten anzieht. Nicht wegen der Gnus oder der Warzenschweine kommen sie. Nein, die Großwildjäger kommen nach Afrika, um „seltenere, attraktivere und wertvollere Trophäen" zu erlangen. Wir sind sicher, daß Rogers die Wünsche der Großwildjäger richtig einschätzt und vor allem aus seiner beruflichen Erfahrung kennt.

Mit den klaren Forderungen des WWF muß der Leopard nicht denselben Weg der Ausrottung gehen wie viele andere Tierarten – zumindest nicht in weiten Teilen seines bisherigen Verbreitungsgebietes. Die euphemistische Weise, den Einfluß der Sportjagd auf die Entwicklung des Leopardenbestandes in der Welt nur nach Gutdünken abzuschätzen, wird durch fundierte wissenschaftliche Methoden ersetzt werden. Die bisher immer herangezogenen Angaben über meist ohnehin nur vermutete Bestandszahlen, Geschlechterverhältnis, Beuteverfügbarkeit u.ä. sind keine verläßlichen Grundlagen, um über die Unbedenklichkeit der Jagd zu entscheiden. Wenn der WWF von „negativen Auswirkungen auf die betroffene Art" spricht, ist damit ja nicht allein die Bestandszahl gemeint. Vielmehr gilt die Aufmerksamkeit allen biologischen Bedürfnissen einer Tierart, also auch allen ethologischen, verhaltensökologischen, soziobiologischen, genetischen und anderen biologischen Besonderheiten, über die noch keine wissenschaftlich fundierten Daten vorliegen.

Das Thema hat auch noch einen anderen Aspekt. Einen ethischen. Müssen Leoparden überhaupt sterben, nur damit ein paar Menschen ihre Freude am Töten und am Erbeuten oder daran, gejagt zu haben, ausleben können? Die Gesellschaft möchte – ehe sie der Jagd auf Leoparden zustimmt – schon mehr über diesen Sport und die Beweggründe der Vergnügungsjäger wissen: Was bewegt einen Menschen, Tausende von Kilometern anzureisen, große Summen Geldes hinzublättern – um von einem sicheren Platz aus einen meist angeköderten Leoparden zu töten. Solange Großwildjäger ihre Motive nicht jedem plausibel darlegen können, muß die Allgemeinheit über die Motivation zum Töten bedrohter (aber auch anderer trophänliefernder Arten) Arten spekulieren. Ist es das Gefühl, Herr über Leben und Tod zu sein, das beim Leoparden dadurch besonders überhöht wird, weil er so selten ist? Spielt das exotische Flair, das um eine Leopardenjagd verbreitet wird, eine Rolle? Wem – außer dem Großwildjäger – imponiert diese Trophäe, wenn sie überhaupt legal eingeführt werden kann? In einem Zeitalter, in dem wir in der Lage sind, von diesem bezaubernden Tier die prächtigsten Fotografien anzufertigen und künstlerisch hochwertige Zeichnungen oder Gemälde zu erschaffen, ist das als Decke bezeichnete gefleckte Fell dieser Großkatze nur ein trostloser Abklatsch seiner Schönheit. Stimmt nicht der Slogan, daß das Fell einem Leoparden eigentlich nur dem Leoparden selbst gut steht? Die Mode hat es lernen müssen, auf die Felle des Leoparden zu verzichten. Unter einem sehr starken Druck der Öffentlichkeit. Menschen, die Kleidungsstücke aus Leopardenfellen trugen, wurden geächtet. Man sah mehr das Blut, das an diesen Fellen klebte als die Flecken. Das Nachdenken über diese Zusammenhänge hat die Wilderei gewaltig eingedämmt, Leopardenfelle sind für die Kürschnerei nichts mehr wert. Seit dieser Zeit ist auch die Wilderei durch Fallenstellen erheblich zurückgegangen. Allerdings gibt es Sportjäger, die bei der in einigen afrikanischen Ländern legal zugelassenen Trophäenjagd nicht zum Schuß auf den Leoparden kommen oder ihn verfehlen. Um nicht mit peinlich leeren Händen nach Hause zu kommen, kaufen diese Sportsleute auch heute noch illegal von Wilderern geschossene Leopardenfelle (Ashine and Kidane 1977). Vielfach müssen sie gegen die Gesetze in ihren Heimatländern diese dann auch noch auf krummen Wegen einschmuggeln.

Über die Einstellung zur Jagd auf gefleckte Katzen in Südafrika, meint Kettlitz 1977, die Menschen begegnen diesem Thema inzwischen mit gefühlsbetonten Gedanken. Als beispielsweise ein Mann damit prahlte, auf seiner Farm in Südafrika fünf Geparden geschossen zu haben, geriet die Bevölkerung der südafrikanischen Republik in Aufruhr. Man rief ihn nachts telefonisch sogar aus Kapstadt an, um ihm zu sagen, welch ein Schweinehund er sei. Kettlitz meinte: „Ich denke, man kreuzigt sich selbst, wenn man heute noch einen Leoparden jagt."

Die Zeit steht bevor, daß es als barbarisch gelten wird, die Wand seines Heimes mit einem Leopardenfell zu schmücken oder das Fell als Schondecke auf der Kaminbank in der Bibliothek zu verschleißen. Es kommt der Tag, an dem die aufgeklärte, gegenüber Pulver, Blei und Blut sensibilisierte Gesellschaft am Ende des 20. Jahrhunderts jeden als brutal ansieht und ächtet, der aus Freude am Töten und aus Besitzgier eine so zauberhafte Kreatur wie den Leoparden vernichtet. Das Umbringen eines Leoparden aus Sport oder aus Waidfreuden setzt u.E. ein großes Ausmaß an Herzenskälte voraus. Zu oft und mit viel zu vielen einzelnen Leoparden haben wir Auge in Auge Kontakt gehabt, als daß wir auch nur ein Fünkchen Verständnis dafür aufbringen könnten, solche Mitgeschöpfe töten zu wollen. Immer, wenn ein Leopard, den wir beobachtet hatten, im Busch verschwand oder wenn wir ihn auf seinem Baum verlassen mußten, haben wir beim Abschied der zauberhaften gefleckten Katze ein langes, freies und ungestörtes Leben gewünscht.

Wir, als dem lebenden Leoparden verbundene Autoren meinen, auch die Leserinnen und Leser dieses Buches über dieses Problem informieren zu müssen. Jeder einzelne muß reflektieren, wie wir Menschen es mit unserem Mitgeschöpf Leopard und denen, die ihn zu ihrem Vergnügen töten, in Zukunft halten wollen.

Wir haben viel zu lange Zeit in Afrika verbracht, um nicht zu wissen, daß es tatsächlich Situationen gibt, in denen Leoparden getötet werden müssen. Aus vernünftigem Grund. Etwa, wenn sie einem afrikanischen Bauern durch Töten seines Viehs die Lebensgrundlage nehmen oder wenn sie – falls das wirklich vorkommen sollte – Leib und Leben eines Menschen bedrohen, der ihnen nichts zuleide tut. Wir können sogar noch ein gewisses Verständnis aufbringen für Wilderer, die in Schlingen oder mit Gift Leopardenfelle erbeuten wollen, um sie zur Aufbesserung ihrer armseligen Lebensumstände zu verkaufen.

Anhang I: Örtlich gebräuchliche Namen

Als Anhang II folgt die Aufzeichnung einer langfristigen Leopardenbeobachtung, die wir im sogenannten Musiaradreieck, der nordwestlichen Ecke des Masai Mara Nationalreservats in Südkenia, durchführten. Dort fahren die Touristen nur selten mit eigenen oder mitgebrachten Wagen mit Fahrern zur Tierbeobachtung in die Savanne. Es gibt in dieser Gegend eine Reihe von Touristencamps, in denen Fahrzeuge mit dort ansässigen Fahrern zur Verfügung stehen. Diese Fahrer fahren zum großen Teil seit Jahren in diesem Gebiet und kennen buchstäblich jeden Weg und Steg. Sie haben zur Kommunikation untereinander eine sehr präzise Geländetaufe vorgenommen und auch einzelne Tiere mit Namen belegt. Dadurch können sie einander mit großer Sicherheit bestimmte Plätze und bestimmte Tiere sowie deren Aufenthaltsort beschreiben. Die Wortschöpfungen solcher Bezeichnungen sind z.T. Vermischungen verschiedener Sprachen oder verballhornte englische Begriffe. Von Touristen, die häufiger in diese Gegend reisen, sind diese Worte nun wieder in deren Sprechweise umfunktioniert. Dadurch herrscht ein sprachliches Gewirr. Ein Teil dieser Begriffe wird schon in dem Buch von Scott 1985 benutzt. Er hatte seinerzeit eine Karte angefertigt, deren Ortsbezeichnungen von Pölking 1995 z.T. übersetzt wurden. In diesem Buch beziehen wir uns auf die bei Abschluß des Manuskriptes (Februar 1995) am häufigsten von den meisten Fahrern benutzten Ausdrücke, die wir auch dann verwenden, wenn sie zum Zeitpunkt der Schilderung einiger Ereignisse noch nicht üblich waren.

Für die Leopardenmutter als zentrale Figur benutzen wir den Namen ‚Half Tail‘. Bevor sie ihren halben Schwanz verlor, hieß sie ‚Paradise‘, genannt nach der Gegend, die exakt südlich von Governors‘ Camp bis zum Marafluß gegenüber der Mara Serena Lodge liegt. In der Zeit, als sie ihre jetzt Beauty genannte Tochter führte, nannte man die Mutter statt Paradise auch ‚Mama‘ oder ‚mama ya msichana‘ (Aus dem Suaheli richtig übersetzt: Mutter der Tochter). Beauty hieß zu dieser Zeit ‚Kwanza‘, was soviel wie die Erste bedeutet. Ins Englische übersetzt wurde dann eine Zeitlang der Name ‚First born‘ gebräuchlich. Als sich diese junge Leopardin tatsächlich zu einer eleganten Schönheit entwickelte, wurde nur noch der Name ‚Beauty‘ verwandt.

Nachdem der Leopardin Mama oder Paradise von Pavianen der halbe Schwanz abgebissen wurde, nannte man sie ‚Chop Tail‘, ‚Chopped Tail‘ oder überwiegend ‚Half Tail‘. Das ist auch der von uns benutzte Ausdruck.

Nach der Geburt der beiden Geschwister Taratibu und Mang‘aa hießen diese zuerst ‚Baby‘, wie sie von einigen noch bis zur Vollendung des ersten Lebensjahres genannt wurden. Später setzten sich dann die Bezeichnungen durch, die dem korrekten Suaheli entnommen wurden: Das Männchen wurde ‚Mang‘aa‘ genannt, das Weibchen ‚Taratibu‘. Mang‘aa bedeutet so viel wie eine Person, die andere an der Nase herumführt, die einen gern austrickst und immer zu Schabernack aufgelegt ist, aber sich auch betrügerisch verhält. Taratibu bedeutet Ordnung, Berechenbarkeit, Normalität und Korrektheit.

Die von uns benutzten Ortsbezeichnungen haben ihre Namen auch gewechselt. Im Zentrum des Streifgebietes der hier geschilderten Leopardenfamilie liegen zwei Verwerfungen mit felsigen Abhängen, deren Hauptrichtungen von Südwesten nach Nordosten verlaufen. Am stärksten ausgeprägt ist dieser Höhenunterschied in der ‚Double Gorge‘. Sie wird von

Scott 1985 als ‚Leopard Gorge' bezeichnet, Pölking 1995 nennt sie die ‚Leopardenschlucht'. Unter den Afrikanern wird der Begriff Double Gorge von den meisten verballhornisierend als ‚Double Coach' ausgesprochen.

Der Ort, den Scott 1985 als ‚Fig Tree Ridge' bezeichnet hat, nennt Pölking 1995 ‚Feigenbaumallee', die Afrikaner sprechen von der ‚Single Gorge' mit der entsprechenden entstellenden Bezeichnung ‚Single Coach'. Tatsächlich ist die Single Gorge nur auf der einen nordwestlichen Seite mit einem felsigen Abhang versehen. Südöstlich steigt sie nur flach an und hat auch nicht annähernd so viel Felsen auf dieser Seite. Die Double Gorge ist dagegen eine Schlucht, die auf beiden Seiten von felsigen Abhängen eingeschlossen ist und teilweise am Boden nur 15 m breit ist.

Ein südwestlich von den beiden Schluchten gelegenes Wäldchen heißt bei den Fahrern ironisch ‚No camping', weil dort das Verbot zu zelten, ständig übertreten wird. Ein anderes südlich von den Schluchten liegendes Gebiet wird ‚Marti ya Faru' genannt. In der Maa-Sprache der Masai heißt Emarti so etwas wie ein freier offener Platz, das einleitende E wird dabei oft fortgelassen. Faru ist die gängige Abkürzung vom Suaheliwort für Nashorn, Kifaru. Das ya zwischen beiden Worten deutet die genitivische Verbundenheit an: Platz des Nashorns. Dabei gibt es heute im gesamten Reservat höchstens nur noch ein bis zwei Dutzend Nashörner. ‚Milimatatu' heißt die Gegend südöstlich der Schluchten. Das bedeutet auf Deutsch ‚drei Berge', ist aber ein fürchterlich verunstaltetes Suaheliwort, denn drei Berge heißt in korrektem Suaheli: vilima vitatu. Zu allem Überfluß sind es gar nicht drei, sondern vier flache Berge, die sich dort erheben.

Wenn Fahrer sich in Ostafrika gegenseitig über Leoparden informieren, benutzen sie nie das Wort Leopard. Sie möchten bei ihren Gästen, die der Unterhaltung von Fahrer zu Fahrer zuhören, nicht Hoffnungen wecken, die gefleckte Katze zu sehen zu bekommen, die sie dann nicht erfüllen können. Das Suaheliwort für Leopard ist ‚Chui'. Das Wort wird aber bei solchen Informationen von Fahrer zu Fahrer selten benutzt, weil viele Touristen es schon aus Prospekten oder Büchern kennen. Man nennt die gefleckte Katze treffend ‚Madoadoa', das heißt ‚gefleckt'. Allerdings sind auch Geparden Madoadoa. Weil diese aber unten auf dem Boden liegen, erhalten sie zu ihrem Namen den Zusatz ‚chini', d.h. unten. Leoparden, die ja oft oben auf den Bäumen ruhen, nennt man treffend ‚Madoadoa juu', denn juu heißt oben.

Anhang II

Im folgenden soll ein kurzer, chronologisch geordneter Abriß unserer Beobachtung erfolgen. Dabei werden wir für die einzelnen Leoparden und Beobachtungsorte die in Anhang I erläuterten Namen benutzen.

Okt. 1988   Erste Begegnung mit Half Tail, die zu diesem Zeitpunkt noch ihren unverletzten Schwanz hat. Sie liegt im ersten Morgenlicht auf einem Termitenhügel und nähert sich unserem Fahrzeug ohne Scheu. Sie spielt eine Minute mit einem uns aus dem Autofenster gefallenen Objektivverschlußdeckel.

In dieser Zeit hatten wir in diesem Gebiet mehrfach Leopardenbegegnungen ohne die Möglichkeit, die Individuen zu identifizieren, weil zu diesem Zeitpunkt noch keine Belegaufnahmen zum Vergleich vorlagen. Seither führen wir von fotografierten Leoparden Aufnahmen beider Körperseiten und des Gesichts von vorn mit, die einen Vergleich gestatten, bis wir das Tier an seinen Merkmalen ohne solche Hilfe erkennen.

10.10.1988   Von zeitweiligen Ruhepausen unterbrochen marschiert Half Tail durch das Kernland ihres Streifgebietes. Sie markiert innerhalb von eineinhalb Stunden viele exponierte Felsblöcke, Baumstämme, belaubte Büsche und Grasbüschel, insgesamt an 44 verschiedenen Plätzen. Viermal beschnüffelt sie diese Plätze vorher, dreimal riecht sie unmittelbar nach dem Spritzen an der eigenen Spritzmarkierung. Fünfmal wird ein Grasbüschel ohne vorheriges Beriechen durch Harnspritzen markiert, dreimal Wälzen von 20 bis 40 Sekunden auf dem Rücken über dem von ihr bespritzten Grasbüschel mit Reiben beider Wangen.

Ohne Protokollierung der genauen Daten beobachten wir zwei überaus scheue Leoparden, die bei Annäherung des Fahrzeugs auf 150 m ihre Ruhebäume verlassen. Nach der Massivität der Körper handelte es sich wahrscheinlich um Männchen. Einer dieser Bäume wurde zuvor öfter von Half Tail markiert.

Wegen ihrer geringen Scheu ist Half Tail bei vielen afrikanischen Safarifahrern, die im Musiaradreieck stationiert sind und dort täglich umherfahren, bekannt. Sie berichten, Half Tail sei im März 1989 trächtig gewesen. Im September 1989 – so behaupten einige Fahrer – habe Half Tail ihren ersten Wurf gehabt. Sie sei vielfach in verschiedenen Höhlen angetroffen worden, in denen sie Jahre später ihre Jungen großzog. Über das Schicksal ihres ersten Wurfes ist nichts bekannt.

29.9.1990   Wiederbegegnung mit Half Tail im Zentrum ihres Streifgebietes. Sie liegt stundenlang auf einem Baum. Auf dem 20 m entfernten Nachbarbaum lag ein männlicher Leopard, der bei unserer Annäherung in großen Sprüngen in einen 100 m entfernten Korongo floh. Ein fast erwachsener Pavian erklimmt einen Baum und greift Half Tail an, die sich mit Prankenschlägen erfolgreich verteidigt.

30.10.1990   Wir nähern uns schnell den beiden Bäumen, auf denen wir schon aus 300 m Entfernung die beiden Leoparden gesehen haben. Wir sind so schnell vor

Ort, daß dem Männchen keine Zeit zur Flucht bleibt, statt dessen klettert es in die Krone und bleibt dort völlig vom Laub verborgen bis zum Abend liegen. Wir können nicht fotografieren.

Am nächsten Tag verlieren wir die Spuren beider Leoparden. Bekannte Fahrer haben an den nächsten Tagen Half Tail mehrfach an anderen Stellen ihres Streifgebietes beobachtet und 20 bis 50 m entfernt von ihr je einen Leoparden gesehen, über dessen Identität Unklarheit herrscht. Half Tail selbst lag in dieser Zeit meist an unzugänglichen Stellen zwischen Felsen, Büschen, am Boden oder an den buschbestandenen Hängen von Korongos oder auf dichtbelaubten Bäumen.

5.10.1991   Half Tail wandert in offenem Gelände in auffälliger Ruhelosigkeit im Zickzack umher zwischen Markierplätzen, die z.T. nur 40 m, z.T. aber auch mehrere 100 m auseinanderliegen. 28mal verspritzte sie Urin, 15mal roch sie vorher an den Markierungsstellen. Bei den übrigen Markierungen konnten wir wegen Sichtbehinderungen nicht feststellen, ob sie vorher an den Spritzstellen riecht. Nachträgliches Beriechen ihrer Markierungen sehen wir nicht. Kein Rollen auf dem Boden. Bodenkratzen ist nicht zu sehen.

Charles arap Ng'eno, unser langjähriger Fahrer im Musiaradreieck, berichtete, daß Half Tail in der Zwischenzeit Junge gehabt habe, die zuletzt im Alter von etwa 8 Wochen gesehen worden sein sollen. Anfang 1992 soll Half Tail nach Aussagen zuverlässiger Fahrer mehrfach in den Felsen der Double Gorge mit drei sehr kleinen Jungen gesehen worden sein, die sie aber im Alter weniger Wochen verlor.

Aug. 1992   Half Tail hat nur noch einen halben Schwanz, nach zuverlässigen Angaben unserer Fahrer Enoch Inanya und Charles arap Ng'eno verlor sie ihn in Milimatatu durch angreifende Paviane.

Okt. 1992   Wir treffen in der Double Gorge auf Half Tail. Am Schwanzende war noch immer eine nicht überhäutete, ein wenig blutende Wunde. Sie zeigt bei mehrfachen Begegnungen mit einzelnen Pavianen oder Trupps keine Scheu oder Aggression. Sie markiert mehrfach an Bäumen und Felsbrocken.

Nach einem Bericht von Bauer und Bauer (1993) hat Half Tail im Oktober 1992 zwei kleine Junge bekommen.

Anfang November 1992 hört ein Fahrer von Kichwa Tembo aus einer Höhle in der Double Gorge, vor der Half Tail liegt, Maunzgeräusche von kleinen Leoparden.

Jan. 1993   Leider keine Zeitdaten protokolliert. Anfang des Monats liegt Half Tail morgens in der Double Gorge 25 m neben unserem Fahrzeug. An einem felsigen Abhang spielt sie mit einem Jungen. Später kommt sie – weiterspielend – auf 12 m an den Wagen heran. Nach einigen Minuten steht sie auf, pirscht im Schleichgang auf unser Auto zu und verschwindet darunter. Auf der anderen Seite, 30 m entfernt, steht auf der Mitte des felsigen Hanges ein Impala mit trinkendem Kitz. Half Tail schießt unter dem Auto hervor und erbeutet wenige Sekunden später das Kitz.

       Im Februar beobachten Bauer und Bauer die Leoparden jeden zweiten Tag.

Unsere Fahrer beobachten im Frühjahr des Jahres 1993 mehrfach Half Tail mit Beauty in Marti ya Faru.

Das noch blutige Schwanzende der kurz zuvor von Pavianen abgebissenen Schwanzspitze einer Leopardin

Okt. 1993   7.30 Uhr: Beauty marschiert über 2 km südlich auf die Single Gorge zu und parallel zu ihr entlang. Keine Scheu vor unserem Fahrzeug. Als Individuum wird Beauty erst nachträglich identifiziert, weil sie in den nächsten Tagen sehr häufig gemeinsam mit ihrer Mutter Half Tail beobachtet wird, die trächtig erscheint.

22.11.93   Wir sehen Half Tail hochträchtig in der Single Gorge.

22.-24.11.93   Wahrscheinlicher Geburtstermin von Taratibu und Mang'aa in einer Felshöhle (1) in der Single Gorge.

25.11.93   Ein Fahrer von Governors' Camp beobachtet, wie Half Tail nacheinander drei Junge in eine sechs Meter entfernte, höher gelegene Höhle (2) trägt.

30.11.93   Half Tail verläßt kurz vor Einbruch der Dunkelheit die Höhle (2), frißt an einem alten Impalariß in 150 m Entfernung auf einem Feigenbaum. Nachdem sie gegangen ist, hört man die Stimmen der Jungen aus etwa 20 m Entfernung.

              Die fast ein Jahr alte Beauty erklettert, 300 m von der Höhle entfernt, einen ihr als Rastplatz und Fluchtort vor Pavianen bekannten Baum. Kurz darauf erscheint Half Tail mit einem Jungen im Maul – und geht unschlüssig wirkend vor der Höhle hin und her, bringt das Junge zurück an den alten Platz zu den laut rufenden anderen Jungen. Ein Fahrer von Mara Buffalo Camp findet später in der Single Gorge 1100 m östlich der Geburtshöhle ein totes Leopardenjunges. Er vermutet, daß es sich um eines der Kinder von Half Tail handelt.

1.12.93	Gegen Mittag schlägt Beauty 500 m von der Geburtshöhle entfernt ein erwachsenes Impalaweibchen. 17.30 Uhr: Beauty schleppt fast eine Stunde lang das geschlagene Tier 300 m zu einem Feigenbaum. Sie vermag nicht, die Beute hochzuschleppen und beginnt zu fressen. Abbruch der Beobachtung bei Dunkelheit. Gegen 17.00 Uhr sieht der französische Fotograf Denise-Huot Half Tail in der Nähe von drei Feigenbäumen, die am nächsten Tag, also am 2.12. eine Rolle spielen.
2.12.93	Weder Beauty noch ihre Beute sind am Baum des Vorabends. 50 m weiter ist ein stark angefressenes Impalaweibchen auf dem Boden. Auf einem anderen Baum in 50 m Entfernung liegt Half Tail. Der Baum, an dem Beauty gestern das Impala hochzubringen versuchte, lag der Höhle am nächsten. Der jetzt als Aufbewahrungsort dienende Baum liegt weiter von der Höhle entfernt und der Ruhebaum der Mutter Half Tail ist noch weiter entfernt. Unklar bleibt, wer das angefressene Impala auf den Baum geschleppt hat, wer nachts davon gefressen hat. Wo ist Beauty?
	14.00 Uhr: Half Tail zieht zu einem Baum mit der Impalabeute, ruht dort 5 m entfernt von dem Riß auf einem Ast. Wenige Minuten später erklettert Beauty den Baum. Half Tail und Beauty haben volle Bäuche.
	14.30 Uhr: Beauty steigt vom Baum und trinkt aus Wasserpfützen in Steinen der Double Gorge. Sie nähert sich zielstrebig ihrer Mutter und wird durch Knurren und Drohmimik auf 5 bis 6 m Distanz gehalten. Beide dösen im Liegen. Half Tail zieht 20-30 m weiter und legt sich dort hin, Beauty folgt, hält aber immer denselben Abstand.
	17.00 Uhr: Half Tail geht in die Höhle zu den Jungen. Beauty erklettert einen Baum.
3.12.93	Half Tail hat in der Nacht ihre Jungen in eine 700 m südwestlich gelegene neue Höhle (3) getragen. Bei Sonnenaufgang liegt Beauty in einem Baum 20 m entfernt von der neuen Höhle.
	9.00 Uhr: Half Tail verläßt die Höhle, Beauty folgt, hält stets 10-15 m Abstand, kommt sie näher als 5 m heran, erfolgt knurrende Abwehr von Half Tail.
	10.00 Uhr: Half Tail beobachtet angespannt einen Trupp Impalas. Jetzt nähert sich Beauty ihrer Mutter auf Körperkontakt, wird daraufhin heftig von dieser angedroht und stellt den alten Abstand wieder her.
	11.00 Uhr: Zwei Paviane nähern sich, Half Tail geht in die Jungenhöhle. Beauty zieht sich in einen 20 m entfernten Felsspalt zurück, aus dem sie nach 10 Min. wieder herauskommt und sich auf einen Baum in der Nähe der Höhle legt. Sie behält diese stets im Auge.
	17.30 Uhr: Beauty steigt vom Baum, legt sich 15 m neben die Höhle der Mutter hin, blickt in die Höhle.
	18.00 Uhr: Beauty schleicht vor dem Höhleneingang herum, wirkt entschlußlos.
	18.30 Uhr: Beauty legt sich 30 m entfernt auf einen Felsen mit Blick zur Höhle.

4.12.93	6.00 Uhr: Beauty geht von der Nähe der mütterlichen Höhle in Richtung Double Gorge, schleicht sich dort auf 5-10 m an eine Thomsongazellengruppe und schlägt einen Bock, den sie nach 10 Min. 200 m zwischen die Felsen schleppt und zu fressen beginnt.
	9.00 Uhr: Half Tail verläßt die Höhle, legt sich auf einen nahegelegenen Baum.
	11.00 Uhr: Ortswechsel. Beauty hat den Riß auf einem Baum in 8 m Höhe eingeklemmt und liegt auf dem Boden im Schatten eines Baumes.
7.12.93	9.15 Uhr: Half Tail verläßt die Höhle, ausgiebiges Komfortverhalten bei ausgesprochen vollem Bauch.
11.12.93	6.00 Uhr: Ein 3 bis 6 Monate altes Zebrafohlen hängt direkt neben der Höhle in einer Feige.
	6.30 Uhr: Half Tail kommt aus der Höhle, legt sich auf einen darüber liegenden Felsen, beobachtet in 200 m Entfernung einen Paviantrupp, verschwindet gleich in der Höhle.
	7.30 Uhr: Half Tail kommt aus der Höhle, erklettert den Feigenbaum und frißt am Zebra.
	8.30 Uhr: Ruhelager auf einem anderen Ast desselben Baumes.
	12.00-13.30 Uhr: Half Tail verläßt den Baum und geht zurück in die Höhle. Beauty ist an verschiedenen Stellen der Double Gorge zu sehen.

Letzte Woche haben wir Half Tail nicht selbst beobachtet, sie ist nur zweimal von Fahrern kurz gesehen worden. Half Tail ist in die 4. Höhle umgezogen, 1000 m entfernt von der letzten, sie liegt höher am Felshang der Single Gorge. Der Eingang ist so schwierig zu erreichen, daß die Jungen hereingetragen worden sein müssen.

21.12.93	6.15 Uhr: Half Tail vor der neuen Höhle.
	7.00 Uhr: Die zwei Jungen kommen herausgekrochen, die Höhle hat zwei Eingänge, einen großen, der von der Mutter benutzt wird und einen kleinen für die Jungen.
	13.00 Uhr und 16.00 Uhr: Die Jungen kommen allein aus der Höhle. Noch kein Spielen, mehrfach trägt die Mutter die Jungen in den Schatten eines Busches nahe am Höhleneingang. Jedesmal Tragstarre bei den Jungen.
22.12.93	6.00 Uhr: Half Tail liegt 30 m von der Höhle entfernt am Fuß des felsigen Anhangs.
	Zwischen 6.00 Uhr und 7.00 Uhr zieht in 10 bis 20 m Entfernung eine Herde von 10-15 Impalas vorbei sowie eine Zebrafamilie mit einem 6 Monate alten Fohlen.
	8.00 Uhr: Half Tail geht zurück zur Höhle, spielt vor dem Eingang mit den Jungen. Wir entdecken zwei weitere Ausgänge, die für die Mutter ausreichend breit sind und von denen keiner bevorzugt wird.
23.12.93	6.00 Uhr: Half Tail tritt aus der Höhle (4) mit einem Jungen im Maul, geht den Abhang hinunter und marschiert dort in Richtung der alten Höhlen. In Höhe der zuletzt verlassenen Höhle erspäht Half Tail einen Trupp Paviane, der eben seinen Schlafbaum verlassen hat und etwa 100 m von ihr entfernt ist. Sie versucht, einen Feigenbaum zu erklimmen, entschließt sich anders

und sucht Schutz in einer großen offenen Halbhöhle. Während die Mutter mit einem Jungen im Maul die Öffnung in der Halbhöhle hält, berührt ein Pavian Half Tails Rücken, springt dann zurück. Nach 2 Stunden Aufenthalt in dieser Notzuflucht, transportiert Half Tail das Junge zu einer Felshöhle in 100 m Entfernung, nahe am Schlafbaum der Paviane. Dort bleibt sie bis 17.00 Uhr. Dann zieht sie zum alten Bau, auf dem Weg dorthin verfolgt sie jagend eine Impalamutter mit Kind, erfolglos. Sie wendet sich dem Bau zu und kommt sofort mit dem 2. Jungen im Maul heraus, daß sie in 15 Min. zum neuen Bau (5) trägt, wo 18.30 Uhr die Familie wieder komplett ist.

24.12.93   Half Tail ist von 6.00 Uhr bis 18.30 Uhr auf einem Baum, stöbert nach dessen Verlassen durch die Gegend, um gegen 19.00 Uhr wieder in der Nähe der Höhle zu sein. Die Paviane hatten sich bereits auf dem nur 50 m entfernt liegenden Baum zur Ruhe begeben. Gegen 15.00 Uhr zog ein Trupp Paviane ohne starke Männchen unter dem Baum vorbei, einige erkletterten ihn und näherten sich der Leopardin auf 2-3 m. Es reichte nur ein Drohgesicht, um die Paviane zu verscheuchen.

27.12.93   Den Morgen über liegt Beauty in der Single Gorge auf einem Felsen. Half Tail und ihre Jungen sind nicht zu sehen.

28.12.93   6.00-17.00 Uhr sind Half Tail und beide Jungen in der Höhle. 17.00 Uhr kommen alle drei heraus, die Kleinen trinken gleichzeitig an der liegenden Mutter. Erstmalige eindeutige Identifizierung des Geschlechtes der Jungen: eins ist männlich und eins weiblich. Erste Spielversuche mit Anspringen der Mutter, Schlagen nach dem Gesicht der Mutter, weniger ausgeprägtes Spiel der Kleinen miteinander.
18.00 Uhr: Die ersten Paviane kommen zum Schlafbaum zurück, einer nähert sich den drei Leoparden bis auf 3 m, wird von Half Tail angefaucht, geht ohne Erregung weiter.
18.30-19.00 Uhr: 30-40 Paviane kommen zu ihrem Schlafbaum, Half Tail und die Jungen gehen ohne Eile in die Höhle.

3.1.94   6.15 Uhr: Half Tail kommt zur Höhle zurück und lockt durch Maunzen die Kleinen heraus, die sofort trinken. Anschließend wenig intensive Spielversuche, es werden lediglich die Pranken gegen das Geschwisterchen gedrückt, vornehmlich auf das Gesicht. Die Paviane verlassen nach Sonnenaufgang den Schlafbaum. 5-10 m von ihnen nähern sich gezielt den Leoparden, halten aber 10 m Abstand. Ein 6-7 Jahre altes Männchen nähert sich den Leoparden und setzt sich 3-4 m entfernt von ihnen auf den Boden. Die Kleinen kriechen langsam auf den Pavian zu. Half Tail bleibt passiv im Hintergrund. Spontan kehren die Kleinen um und verschwinden in der Höhle. Ein erwachsener männlicher Pavian kommt auf einen halben Meter an Half Tail heran und berührt sie mit der Hand am Rücken. Kurzes aggressives Drohen, dann legt sich Half Tail in Seitenlage fast auf den Rücken mit geringer Drohmimik oder entspanntem Gesicht. Der Pavian wechselt häufig seine Positionen, Half Tail sieht ruhig zu. Ein paar Minuten nach Abzug der Paviane schläft sie am Höhleneingang.

11.00 Uhr: Half Tail sieht, während sie im Schatten eines Busches auf einem großen Felsbrocken neben der Höhle ruht, in 200 m Entfernung grast ein einzelnes ausgewachsenes Kongoni. Sie folgt ihm, überwältigt das Tier, frißt ein wenig davon und legt sich in dem baumlosen Gebiet 100 m von der Beute entfernt nieder.

18.30 Uhr beginnt sie für wenige Minuten an dem Kongoni zu fressen, verzieht sich dann in die Höhle.

6. 1. 94

6.00 Uhr: 4 m neben dem Höhleneingang sitzt Beauty und wird durch Half Tails Knurren und Drohmimik gehindert, näher zu kommen. Auf einem Feigenbaum, 15 m neben der Höhle ist ein angefressenes Impalaweibchen, möglicherweise von Beauty erbeutet, denn sie hat einen vollgefressenen Bauch im Gegensatz zur Mutter.

6.30 Uhr: Die Paviane verlassen ihren Schlafbaum, Beauty schleicht tiefgeduckt davon und versteckt sich hinter einem Felsen. Half Tail ist von den Pavianen unbeeindruckt.

7.00 Uhr: Alle Paviane sind abgezogen. Beauty kommt zurück und legt sich 4-6 m neben der Mutter langgestreckt auf einen Felsen. Half Tail schläft entspannt. Die Jungen kommen aus der Höhle und trinken bei der Mutter, spielen mit ihr, indem sie ihr ins Gesicht springen, Half Tail leckt beide Jungen. Beauty beobachtet alles aus 7 m Entfernung, wird von Half Tail angedroht, wenn sie sich nähert. Anschließend verschwinden die Kleinen in der Höhle, Half Tail geht auf den 15 m entfernten Feigenbaum und frißt an dem Impala. Während dieser Zeit lockt Beauty die Kleinen aus der Höhle heraus und spielt mit ihnen 10-20 m von der Höhle entfernt, als wäre sie die Mutter. Beauty ist dabei gelegentlich rauh und hektisch, das hindert die Kleinen nicht an der Fortsetzung des Spiels. Während dieses halbstündigen Spiels frißt Half Tail weiter, ohne einzuschreiten.

7.30 Uhr: Half Tail trägt jetzt die Reste des Impalas auf einen 60-80 m entfernten anderen Feigenbaum. Beim Herunterkommen Half Tails beendet Beauty das Spiel, läßt die Kleinen zurück und folgt ihrer Mutter im Abstand von 10-20 m. Inzwischen frißt Half Tail auf dem neuen Baum, auch Beauty klettert auf diesen, geht zur Beute und faucht die Mutter an. Half Tail hört auf zu fressen, sie verläßt den Baum und geht zu den Jungen zurück, Beauty frißt am Impala.

Den Tag verbringen Beauty und Half Tail auf Bäumen, jeweils 50 m entfernt von der Höhle.

17.00 Uhr: Half Tail frißt am Impala, ohne Beauty, die auf einem Ast ruht, zu vertreiben.

17.20 Uhr: Half Tail kehrt zur Höhle zurück.

18.30 Uhr: Beauty schleicht sich vorsichtig zur Höhle, lockt die Kleinen an der Mutter vorbei zu sich. 10 Min. Spiel der Jungen mit Beauty, dann geht Mang'aa zur Mutter, um zu trinken, Taratibu legt sich auf einen Felsen in der Nähe. Beauty geht jetzt zum Feigenbaum mit dem Impala und frißt bis zum Abbruch der Beobachtung wegen Dunkelheit.

7. 1. 94

6.00 Uhr: Bei fast völliger Dunkelheit kommt Beauty zur Höhle, obwohl Half Tail 3 m daneben liegt und Beauty androht mit Drohmimik und Grollen.

8.00 Uhr: Half Tail und Beauty liegen im Abstand von 5-6 m nebeneinander, die kleinen pendeln zwischen beiden hin und her. Nach 5 Min. nähert sich Half Tail drohend und mehrfach kräftig fauchend Beauty, diese faucht zurück, ohne sich vertreiben zu lassen. Half Tail nimmt ihren alten Platz wieder ein, die Kinder spielen wechselweise mit den beiden Großen. Als in ein paar Hundert Meter Entfernung ein Masai vorbeigeht, schleicht sich Beauty geduckt davon, kehrt an diesem Morgen nicht mehr zurück. Half Tail bleibt liegen, säugt später die Jungen.

8.1.94   Die Jungen haben – vielleicht schon seit zwei Tagen – 6 m entfernt von der bisherigen Höhle einen eigenen neuen Bau bezogen, in den die Mutter nicht hineinpaßt. Aus diesem nähern sie sich Beauty.

Nach vierwöchiger Unterbrechung der Beobachtungen sind die Jungen jetzt deutlich größer, sie können schon dünne Bäume erklimmen und werden nicht mehr von der Mutter im Maul transportiert. Es werden jetzt drei unterschiedliche Wohnhöhlen im Abstand von je 1000 m benutzt.

7.2.94   Von 13.00 Uhr bis 18.30 Uhr liegt Half Tail auf einem von ihr bevorzugten Feigenbaum in der Single Gorge. Auf dem Weg zum Bau mißlingt ihr eine Hasenjagd. Aus dem Bau kommen die Kleinen ihr ein paar Meter entgegen und werden gesäugt.

9.2.94   6.30 Uhr: Half Tail ist 200 m von den Jungen entfernt. Auf die Lautäußerungen, mit denen sie versucht, die Kleinen herbeizurufen, erscheint eine Tüpfelhyäne. Keine Interaktionen, die Tüpfelhyäne zieht 3-4 m entfernt an der auf der Seite liegenden Leopardin vorbei. 10 Min. später ist die Tüpfelhyäne verschwunden. Half Tail ruft die Kleinen, sie kommen sofort.

11.2.94   7.00 Uhr: Half Tail zieht mit ihren beiden Jungen zu einer anderen bekannten Höhle (6). Sie durchmustert sorgfältig die Gegend, in der sonst Paviane, Tüpfelhyänen und Löwen anzutreffen sind.
7.45 Uhr: Die andere Höhle ist erreicht, die Kinder verschwinden darin. Nach 15 Min. geht Half Tail zu einem 500 m entfernten Baum, auf dem sie den Rest des Tages verbringt.
Gegen 18.00 Uhr verläßt sie den Baum, durchstöbert in offenem Gelände umgestürzte Bäume und Grasinseln, wo sie früher Hasen gesehen hatte. 5 Hasen werden aufgescheucht, keiner erbeutet.
19.00 Uhr: Rückkehr von Half Tail zur Höhle.

12.2.94   7.00 Uhr: Half Tail tritt mit geschwollenem linken Auge – wahrscheinlich Verletzungsfolge durch die gestrige Hasenjagd – aus der Höhle, die Kleinen folgen in 50 m und beginnen an einem Busch zu spielen. Nach 15 Min. gehen die Kleinen zurück zur Höhle der letzten Nacht, es gelingt Half Tail nicht, sie zu veranlassen, eine andere Höhle aufzusuchen. Sie zieht zu einem Feigenbaum in 1 km Entfernung. 200 m davor taucht ein Gnu mit einem Neugeborenen auf. Half Tail erbeutet das Gnukalb mühelos, rennt mit ihm am Hals gepackt davon und klettert von der Gnumutter verfolgt mit der Beute auf einen 2 m hohen Baum, der von der Gnumutter mit den Hörnern attackiert wird. Als diese verschwunden ist, verläßt Half Tail den Baum mit dem Gnukalb im Maul in Richtung des ursprünglich angestrebten Feigenbaumes.

20 m vor dem Baum erscheinen drei Tüpfelhyänen, in letzter Sekunde kann Half Tail mit dem Gnukalb auf ihren Feigenbaum gelangen und die Beute in einer Astgabel verkeilen.

Bis 16.00 Uhr ruht Half Tail auf dem Baum, ohne zu fressen. Dann holt sie ihre Kleinen, die jetzt willig, aber langsam folgen.

17.30 Uhr: Ankunft von Half Tail und Jungen am Feigenbaum. Ein Junges klettert bis zur Hälfte auf den Baum, kehrt dann jedoch um.

13.2.94   6.00 Uhr: Half Tail spielt mit beiden Jungen, erklimmt dann den Baum, frißt am Gnukalb. Beide Jungen folgen, Taratibu frißt gemeinsam mit der Mutter. Mang'aa hat bei der ersten Gabelung des Baumes den falschen Ast erwischt, gelangt zwar auf die gleiche Höhe wie Mutter und Schwester, kann jedoch die beiden und die Beute nicht erreichen.

17.00 Uhr: Half Tail liegt 6 m neben dem Feigenbaum, beobachtet drei Masai, die ihre Herde vorbeitreiben. Ein kleiner Leopard hat im Rücken der angestrengt zu den Masai blickenden Mutter Paviane entdeckt, die einen Feigenbaum erklettern. Ein Junges verkriecht sich in der Felshöhle, das andere versteckt sich hinter der Mutter. Inzwischen sind 30 Paviane ohne Warnrufe in den Feigenbaum geklettert, ein Männchen greift laut kreischend die Leopardin an. Statt zu fliehen, macht diese einen Gegenangriff und rennt 3-4 m auf die Paviane zu. Diesen Augenblick, da alle Aufmerksamkeit bei diesem Angriff liegt, nutzt der kleine Leopard, um in die Höhle zu fliehen. In einem Knäuel kämpfen jetzt drei Paviane mit Half Tail. Sie zieht sich in eine Felsspalte zurück.

14.2.94   7.00 Uhr: Die Kleinen kommen aus der Höhle, bevor die Paviane ihren Schlafbaum verlassen. Half Tail ist nicht zu sehen. Jetzt machen sich die Leopardenjungen auf, allein in die Höhle 2 zu gelangen, wofür sie fast 20 Min. brauchen. Half Tail ist auch dort nicht und wird den ganzen Tag nicht gesehen.

15.2.94   6.30 Uhr: Half Tail spielt 100 m neben der Wohnhöhle 2 auf dem Weg zur Wohnhöhle 3. Jetzt spielen die Jungen mehr untereinander als mit der Mutter.

16.45 Uhr: Alle drei ziehen weiter in Richtung auf Wohnstätte 3. Vor einer plötzlich auftauchenden Tüpfelhyäne rennt eines der Kleinen auf einen 15 m entfernt stehenden Baum, das andere bleibt neben der Mutter liegen. Die näherkommende Tüpfelhyäne wird angefaucht und zieht sich zurück. 15 Min. später kommt die Tüpfelhyäne erneut, nun klettert auch das 2. Junge auf den Baum. 10 Min. später zieht die Tüpfelhyäne ab, nach 15 Min. kommen die Kinder wieder herunter.

20.00 Uhr startet Half Tail erneut und jagt erfolglos nach drei Hasen. Ein Junges will nicht mehr folgen, Half Tail trägt es im Maul zum anderen Jungen und verschwindet, die Kleinen allein lassend.

Beobachtungspause bis 8.3.94. Gewährsleute berichten, daß die Leopardenfamilie am 4.3. noch in der Single Gorge gesehen wurde. Am 5.3. entdeckt ein Fahrer sie in der Gegend von Marti ya Faru. Fahrer berichteten, daß eine Gepardin mit drei 9 Monate alten Jungen Half Tail auf einen Baum gejagt hätte.

7.3.94	Half Tail liegt auf einem Baum in Marti ya Faru, die Jungen sind nicht zu sehen.
8.3.94	Gegen 7.00 Uhr geht Half Tail zu ihren Jungen, die einige hundert Meter entfernt umgeben von felsigem Geröll unter einem Busch liegen.
9.3.94	7.00 Uhr: Half Tail spielt mit ihren Kindern. 7.15 Uhr klettert sie 1 km entfernt auf einen Baum, auf dem sie den ganzen Tag verbringt. Sie kümmert sich nicht um die Jungen, auch nicht, als gegen 18.00 Uhr Elefanten unmittelbar am Lagerplatz der Kleinen erscheinen und Äste abreißen. Die Elefanten nähern sich bis auf 5 m den kleinen Leoparden, die keine Furcht zeigen und nicht fliehen. Mang'aa schleicht in typischer Jagdhaltung einen Elefanten bis auf 3 m an.
10.3.94	9.00 Uhr: Bei der Suche nach Half Tail und ihren Kindern stoßen wir auf Beauty. Sie sitzt auf einem dünnen Baum. Nach Angaben von Scott wurde sie von einem starken Gepardenmännchen 1 Std. vorher in den Rücken gebissen und auf den Baum gejagt, der 50 m von dem Platz entfernt war, an dem vor zwei Tagen Half Tail gejagt worden sein soll. 7 km entfernt in der sogenannten No-camping-area liegt Taratibu auf einem Baum von 16.00 Uhr bis zur Dunkelheit, dann wechselt sie auf einen Termitenhügel.

Die Leopardenfamilie hat es aufgegeben, zwischen den regulären Wohnhöhlen hin und her zu wandern. Jede Nacht verbringen die Kleinen an anderen Plätzen im Busch oder zwischen Felsbrocken, die bis zu 5 km auseinanderliegen. Half Tail verläßt ihre Jungen zwischen 17.00 Uhr und 18.00 Uhr, oft um Hasen zu jagen. Erst bei völliger Dunkelheit holt sie die Kleinen zum Ortswechsel.

11.3.94	6.30 Uhr: Half Tail und Taratibu sind unterwegs in Richtung Single Gorge, Kontaktverlust für den Rest des Tages. Mang'aa wurde nicht gesehen.
14.3.94	6.30 Uhr: Taratibu und Mang'aa klettern in den Bäumen der No-Camping-Area umher. Half Tail wird nicht gesehen. 12.00 Uhr: Mang'aa und Taratibu schlafen mit Körperkontakt unter einem Baum. 15.00 Uhr: Bei Rückkehr zu diesem Platz sind sie nicht anzutreffen. 15.30 Uhr: Half Tail nähert sich dem Rastplatz im Zickzackkurs von Strauch zu Strauch, springt 3 m hoch in einen Baum und ruft die Kinder, die aus verschiedenen Richtungen herbeikommen und zunächst ein paar Minuten bei der Mutter trinken. Alle drei ziehen zu einer 20 m entfernten Waldlichtung und spielen dort 2 Std. 18.00 Uhr: Half Tail verläßt die Kleinen. 18.30 Uhr: Half Tail kommt zurück und legt sich am Waldrand nieder, die Kinder spielen ohne Mutter.
15.3.94	Zwischen 7.00 Uhr und 8.00 Uhr kreischen Grüne Meerkatzen am Platz, den die Leopardenkinder am Vortag zum Schlafen ausgesucht hatten. Um 7.00 Uhr: 500 m davon entfernt finden wir einen toten Impalabock, an dem Half Tail zu fressen beginnt, als eine Tüpfelhyäne kommt. Wahrscheinlich hat die Leopardin das Impala zwischen 6.00 Uhr und 6.30 Uhr erjagt, wo-

rauf ein zu dieser Zeit hier allein umherstehendes sechs Wochen altes Impalakitz hindeutet.

17.00 Uhr: Half Tail kommt aus südlicher Richtung zum No-Camping-Wald. Auf ihre Rufe nach den Jungen erscheinen diese nicht, Half Tail verschwindet in westlicher Richtung. Kurz vorher entdeckt Scott die Kleinen an einem ganz anderen, nicht näher beschriebenen Platz.

| 16.3.94 | In der Nacht zum 16.3. hat vermutlich Half Tail einen Impalabock geschlagen, er hängt in einer Akazie, alle drei fressen vier Nächte daran. |

18.3.94   7.00 Uhr: Half Tail knurrt ihre Jungen an, als die bei ihr trinken wollen.
9.00 Uhr: Half Tail bringt die beiden in die Nähe des Baumes mit dem Impalariß, dann läßt sie die Kleinen dort allein.
Nachmittags schlafen alle drei getrennt in kleinen Akazienbäumen, die 20-30 m voneinander entfernt stehen.

19.3.94   6.00 Uhr: Alle drei liegen noch in getrennten, kleinen Akazien. Anschließend fressen die beiden Kleinen am Impalariß, die Mutter liegt in 1,50 m Höhe im gleichen Baum.
6.15 Uhr nähern sich drei Tüpfelhyänen bis auf 2 m Half Tail, die nicht höher klettert, sondern die Tüpfelhyänen anknurrt.
7.00 Uhr: Mang'aa klettert vom Impalabaum herab, geht an den Tüpfelhyänen – die nächste 5 m entfernt – vorbei zu einem bequemeren Baum, bleibt aber zunächst unter diesem sitzen. Dort wird er von einer Tüpfelhyäne angeschlichen, klettert aber erst auf den Baum, als diese zu nahe kommt.
Nachmittags liegen alle drei etwa 100 m von der Beute entfernt im Schatten kleiner Büsche in Wassernähe.

Beobachtungspause bis Anfang Mai 94.
Die Jungen sind inzwischen erwachsener geworden und wirken nicht mehr tolpatschig.

2.5.94   Half Tail liegt mit beiden Kindern nebeneinander auf demselben Ast einer Akazie.

4.5.94   Masaihirten berichten, 2 junge und 2 erwachsene Leoparden für 10 Min. 500 m vom gestrigen Ruhebaum entfernt beobachtet zu haben. Eigene Nachsuche für die Dauer einer Woche bleibt erfolglos.

10.5.94   10.00 Uhr: Half Tail verläßt ihre neben ihr ruhende Tochter und bleibt den ganzen Tag verschwunden.

18.00 Uhr: Half Tail kommt zurück, läuft an der Stelle, wo sie Taratibu verlassen hat, vorbei und sucht 200 m entfernt Mang'aa auf, den sie aus 30 m Entfernung ruft. 30 Min. lang spielen beide Tiere, springen übereinander, lauern einander auf und verfolgen sich gegenseitig unter häufigem Knurren. Mit Anbruch der Dunkelheit ziehen sie in die Gegend von Taratibu, die Begrüßung ist nicht zu beobachten.

Seit mehreren Wochen sind keine toten Beutetiere mehr auf Bäumen zu sehen, die Beute liegt im hohen Gras.

15.5.94   11.00 Uhr: Mang'aa liegt auf einem Felsen in der Single Gorge, nach 10 Min. verschwindet er im Gras unter einem schattenspendenden Baum.

Wegen der sehr schweren Entdeckungsmöglichkeiten im hohen Gras drei Wochen Beobachtungspause.

10.6.94   7.30 Uhr: Beauty in 3 m Höhe auf einem Baum in der Gegend des Olare Orok Flusses, in dem ein Thomsongazellenbockriß hängt. Diese Gegend liegt außerhalb des Streifgebietes von Half Tail. Beauty hat ihr Streifgebiet in diese Richtung erweitert. Im Umkreis von 10-20 m unter dem Baum liegen zwei Tüpfelhyänen, die nur aufmerksam sind, wenn Beauty zum Fressen an der Gazelle nach oben steigt.
           15.00 Uhr: Beauty schläft unter dem Baum im Schatten, 2 m neben ihr schläft eine Tüpfelhyäne. Bei Annäherung eines Touristenbusses bleibt die Tüpfelhyäne liegen, Beauty steht auf und legt sich 10 m entfernt in den Schatten eines anderen Baumes.

12.6.94   8.00 Uhr: Durch hochaufmerksame Topis entdecken wir im hohen Gras Half Tail mit beiden Kindern in Richtung Single Gorge gehend. Drei Masai kreuzen ihren Weg, Half Tail drückt sich ins Gras und läßt die Masai in 20-30 m Entfernung vorbeigehen. 100 m vor der Single Gorge kommt ein Trupp Paviane, woraufhin alle Leoparden im Gras verschwinden.
           17.00 Uhr: Half Tail liegt im hohen Gras versteckt und geht auf einen 50 m entfernten Felsblock.
           18.30 Uhr: Sie schleicht sich vor einem Paviantrupp davon.

13.6.94   6.00 Uhr: Mang'aa döst auf einem Felsen und geht um 8.00 Uhr zu seiner 50 m entfernt im Gras liegenden Schwester. Im Gegensatz zu gestern, als er im Beisein der Mutter unvorsichtig ging, bewegt sich jetzt allein mit größter Aufmerksamkeit.
           15.00 Uhr: Mang'aa versucht erfolglos die Jagd auf einen Trupp von Impalas in 100 m Entfernung.
           17.00 Uhr – 18.30 Uhr: Beide Kinder liegen an derselben Stelle, seit über 34 Std. ohne Kontakt mit der Mutter.

14.6.94   6.00 Uhr: Die Geschwister liegen immer noch an derselben Stelle. Falls die Mutter nicht über Nacht gekommen ist, sind sie jetzt seit 46 Std. allein.
           7.00 Uhr: Beide laufen plötzlich 150 m in die gleiche Richtung, die Single Gorge entlang, treffen auf ihre Mutter, die sie stürmisch begrüßten. Sie tollen mit ihr. Half Tail hat einen vollen Bauch, die drei ziehen in ein felsiges Gebiet mit kleinen Akazien und hohem Gras, das für Fahrzeuge äußerst schwer befahrbar ist. Die Fernglasbeobachtung ist wegen des hohen Grases lückenhaft.
           18.00 Uhr: Taratibu trinkt bei der Mutter.

15.6.94   17.00 Uhr: Etwa 1 km von der Stelle, wo die Familie gestern ruhte, hängt ein kaum angefressener Thomsonbockriß in einer Akazie. Die Leoparden sind nicht zu finden.
           17.30 Uhr kommt eine Tüpfelhyäne in die Nähe der Beute, erhebt sich plötzlich Mang'aa – keine 3 m von der Tüpfelhyäne entfernt – ohne aggressive Interaktionen verschwindet die Tüpfelhyäne.
           18.00 Uhr: Half Tail und Taratibu tauchen aus dem hohen Gras ebenfalls auf.

Half Tail knurrt laut, ein 4. Leopard nähert sich bis auf 20 oder 30 m der Beute. Er ist nicht identifizierbar. Bei Einbruch der Dunkelheit legt sich Half Tail im Baum neben die Beute und blickt in die Richtung des 4. Leoparden. Ist es Beauty?

16.6.94   Vom Thomsonbock ist nichts mehr zu entdecken. Mang'aa liegt auf einer kleinen Akazie in 30 m Entfernung.
7.00 Uhr: Half Tail und Mang'aa ziehen zu einer 500 m entfernten großen Akazie und rasten auf bequemen Ästen des Baumes. Taratibu bleibt im Gras.
8.30 Uhr: Mang'aa verläßt den Platz auf dem Baum, verschwindet im Busch. Kurz darauf kommt auch Half Tail herunter und legt sich etwas entfernt von Mang'aa ebenfalls ins Gras.
Keine weiteren Aktivitäten an diesem Tag beobachtet.

17.6.94   Tagsüber trotz intensiver Suche keinen Leoparden gesehen.
17.30 Uhr: Etwa 500 m von dem Baum, auf dem vorgestern der Thomsongazellenriß hing und 200 m von dem Rastplatz der Familie von gestern entfernt, ist der Riß eines Grantgazellenweibchens eingeklemmt, an dem Beauty frißt. Das legt nahe, daß der 4. Leopard am 15.6. Beauty gewesen ist.
100 m entfernt schläft Mang'aa auf einem Baum, wird wach, klettert herab und geht in Richtung des Baumes mit dem Grantgazellenriß. Während eines Stellungswechsels unseres Fahrzeugs, der wegen des schwierigen Geländes lange dauert, hat Beauty den Baum verlassen. An ihrer Stelle frißt jetzt Mang'aa an der Beute. Im gleichen Baum, ein paar Äste tiefer, liegt wach und aufmerksam Half Tail.

18.6.94   6.30 Uhr: Der Baum mit der Grantgazelle von gestern ist leer, wir sehen keine Beutereste.
7.00 Uhr: Taratibu und Mang'aa tauchen auf, legen sich in einer Felsengruppe schlafen.
7.30 Uhr: Half Tail zieht mit beiden Kindern aus dem felsigen Gelände weg.
8.30 Uhr: Half Tail und Taratibu klettern auf eine größere Akazie. Nach gegenseitiger Fellpflege mit der Zunge dösen und schlafen beide auf dem Baum. Mang'aa liegt unten im Gras, von dem er auch ein wenig frißt.
9.30 Uhr: Half Tail verläßt den Baum und ruft mit leisen Lauten ihre Kinder, die mit ihr gehen. Wir verlieren den Sichtkontakt und können nicht folgen. Wir haben sie den ganzen Tag nicht mehr gesehen.

In der nun eintretenden Beobachtungspause sind auch von täglich durch das Gelände fahrenden zuverlässigen Fahrern die Leoparden in dem sehr hohen Gras kaum gesehen worden.

6.9.94   Die Jungen verbringen den ganzen Tag auf einem hohen Baum. Half Tail holt beide am Abend ab und verschwindet mit ihnen im hohen Gras.

9.9.94   17.00 Uhr: Taratibu döst unter einer umgefallenen Akazie und gähnt viel.
18.00 Uhr: Half Tail erscheint, hat offenbar 100 m entfernt unentdeckt im hohen Gras gelegen, holt Taratibu ab. Diese läuft der Mutter entgegen, spielt mit ihr und streicht mit engem Körperkontakt an Flanken, Pranken und Schwanz der Mutter entlang. Taratibu gibt die Marschrichtung an. Auf dem

Weg zur No-Camping-Area können wir wegen der Unwegsamkeit des Geländes nicht mehr folgen. Mang'aa wird heute nicht gesehen.

13.9.94 Erfolglose Suche über den ganzen Tag.
18.15 Uhr: Half Tail sitzt auf einem Termitenhügel.
Lautäußerungen, mit denen sie sonst die Jungen herberuft, bleiben erfolglos. Später legt sie sich ganz flach auf einen Termitenhügel, knurrt röhrend in ungewöhnlicher Weise, nicht wie beim Herbeirufen der Jungen, auch nicht sägeartig wie bei Bekanntgabe ihres Standortes.
18.45 Uhr: Die Jungen kommen zögerlich, keine stürmische Begrüßung. Alle drei legen sich mit Körperkontakt auf den Termitenhügel.

14.9.94 15.30 Uhr: Mang'aa schläft in einem Korongo.
17.00 Uhr: Er klettert für eine halbe Stunde auf einen Baum.
17.30 Uhr: Er geht langsam zu einem 100 m entfernten Termitenhügel, auf dem er bis zum Einbruch der Dunkelheit liegen bleibt, ohne sich um 5 vorbeiziehende Tüpfelhyänen zu kümmern.

15.9.94 6.00 Uhr: Mang'aa liegt 20 m neben dem Termitenhügel, auf dem wir ihn gestern verließen.
7.00 Uhr: Mang'aa geht langsam an dem Korongo entlang, trifft nach 300 m Taratibu in der Krone eines hohen Baumes. Nach stürmischer Begrüßung eine Stunde Spiel.
9.00 Uhr: Rückzug in den kühlen Korongo, den sie erst gegen 17.00 Uhr verlassen, um im Gras zu spielen.

18.9.94 Die Jungtiere sind heute den 4. Tag an derselben Stelle in der Nähe des Termitenhügels am Korongo. Morgens und abends spielen sie etwas, tagsüber schlafen sie im Korongo. Taratibu klettert öfter auf Bäume als Mang'aa, Taratibu übernachtet auf Bäumen, Mang'aa im Korongo.

Beobachtungspause bis zum 29.9.94. In dieser Zeit ist von den Masai an mehreren Stellen Grasfeuer gelegt worden, die nach etlichen Stunden von allein erloschen. Noch bis zum 4.10.94 werden immer wieder kleine Flächen abgebrannt.

Der französische Tierfotograf Denis-Huot beobachtet am Abend des 29.9.94 beide Jungen ohne Mutter in seinem Lager in No-Camping und sieht am 30.9.94 Mutter an der windgetriebenen Wasserpumpe im Musiarasumpf. Touristen sehen am sehr frühen Morgen des 3.10.94 in Marti ya Faru vier Leoparden mit zwei Rissen.

4.10.94 7.00 Uhr: Am gleichen Platz in Marti ya Faru finden wir Mang'aa im Korongo dösend.
8.00 Uhr: 300 m weiter legt sich Taratibu auf einen Termitenhügel.
10.45 Uhr: Ein Riß ist von dem in der offenen Fläche alleinstehenden Baum verschwunden. Zufällig finden wir Beauty, die den Thomsongazellenriß vom Baum geholt hat und diesen jetzt auf einem anderen Baum im Korongo verkeilt. Sie liegt nun 100 m weiter im Gebüsch am Korongo und wechselt alle Augenblicke erregt den Platz. In der Nähe hören wir Paviane. 50 m entfernt laufen elf Tüpfelhyänen umher, die die Leopardin aber nicht sehen. Half Tail ist nicht zu finden.

5.10.94	Keine Leoparden in Marti ya Faru zu finden. Beauty's Thomsonriß ist auf einem anderen Baum verkeilt, er ist fast ganz aufgefressen.
6.10.94	9.00 Uhr: Wir finden Taratibu und Mang'aa 8 km von Marti ya Faru entfernt zwischen Musiarasumpf und No-camping westlich der Hauptstraße, die bisher als Westgrenze von Half Tail's Streifgebiet angenommen wurde. Mang'aa geht zurück in Richtung No-camping, kehrt auf halbem Wege nach einer 30minütigen Rast zurück.

5.10.94 Keine Leoparden in Marti ya Faru zu finden. Beauty's Thomsonriß ist auf einem anderen Baum verkeilt, er ist fast ganz aufgefressen.

6.10.94 9.00 Uhr: Wir finden Taratibu und Mang'aa 8 km von Marti ya Faru entfernt zwischen Musiarasumpf und No-camping westlich der Hauptstraße, die bisher als Westgrenze von Half Tail's Streifgebiet angenommen wurde. Mang'aa geht zurück in Richtung No-camping, kehrt auf halbem Wege nach einer 30minütigen Rast zurück.
10.30 Uhr: Taratibu liegt auf einem Baum in dem Korongo, von dem zuvor Mang'aa losgegangen war.
17.30 Uhr: Beide Jungen bleiben unter diesem Baum bis zur Dunkelheit. Die Mutter ist nicht gesehen worden.

7.10.94 15.00 Uhr: Half Tail ist bei Drummond's Camp gesehen worden, das ist noch weiter westlich als gestern die Jungen gesehen wurden. Hier ist nicht gebrannt worden. Half Tail verschwindet im Gras und bleibt unauffindbar.

8.10.94 7.00 Uhr: Oberhalb der Linie Musiarasumpf und No-camping auf der halben Distanz finden wir Half Tail mit beiden Kindern und einem Impalabockriß im Gras.
10.45 Uhr: Mang'aa schnüffelt ausgiebig an den Reifen unseres Fahrzeugs, kriecht darunter und bleibt dort 45 Min. liegen. Taratibu klettert von vorn über die Stoßstange und das steinabweisende Gitter am Kühler auf die Kühlerhaube unseres Autos. Sie nähert sich uns, die im offenen Dach unseres Wagens stehen, auf 1,20 m. Zwei Min. frontaler Blickkontakt. Sie klettert dann von der Kühlerhaube und verschwindet darauf wie ihr Bruder unter dem Auto im Schatten.
14.00 Uhr: Mang'aa frißt eine Stunde lang immer wieder am Impala und vertreibt mehrfach Taratibu.
16.30 Uhr: Half Tail kommt aus dem Gras, in dem sie den Tag verbrachte aus 20 m Entfernung, frißt gemeinsam mit Taratibu.
18.15 Uhr: Eine Tüpfelhyäne erscheint in 50 m Entfernung. Half Tail schleppt die Impalareste auf eine kleine Akazie. Alle drei Tiere sind noch bei Dunkelheit gemeinsam an dieser Akazie.

9.10.94 6.30 Uhr: Der Riß von gestern ist restlos verschwunden. 300 m weiter liegen in 20 m Abstand beide Jungen in einem Korongo. 1 km weiter östlich finden wir zufällig Half Tail. Alle drei bleiben an diesen Stellen bis zum Abend.

10.10.94 6.30 Uhr: 1 km weiter östlich in Richtung Single Gorge sind alle drei auf einem Baum mit einem Riß eines Thomsonbocks. Es frißt keiner.
Bis 17.00 Uhr verlassen jeweils ein oder zwei Tiere den Baum und ruhen im Gras, später kommen alle wieder hoch, um zu fressen oder auf dem Baum zu ruhen. Meist fressen sie einzeln, niemals zu dritt, Geschwister fressen niemals gemeinsam, nur Half Tail jeweils mit einem Kind.

11.10.94 7.00 Uhr: Mang'aa liegt auf einem hohen Baum nördlich der Single Gorge zwischen seiner Geburtshöhle und der Hauptstraße. Dort bleibt er bis zur Dunkelheit liegen. Mutter und Schwester sind unauffindbar.

12.10.94	Mang'aa liegt auf halbem Wege zwischen dem gestrigen Baum und der Single Gorge. Unruhig und ziellos marschiert er durch die schwarze, verbrannte Fläche. Er schnüffelt an Bäumen, markiert selbst. 15.00 Uhr: Taratibu gesellt sich dazu. Beide spielen intensiv und schmusen über zwei Stunden mit Pausen, mehrfache Kopulationsversuche. Mang'aa spielt mit Knochenresten von Masairindern. Mehrfaches Kopulationsverhalten mit Nackenbiß.

In der mehrwöchigen Beobachtungspause ist das Gras wieder gewachsen, die schwarzen Flächen sind wieder grün.

21.11.94	Beauty erbeutet ein Impala, an dem Taratibu und Mang'aa mitfressen.
23.11.94	17.30 Uhr: Mang'aa liegt zwischen Felsbrocken in der Single Gorge, 30-40 m neben einem, häufig von Masai benutzten Fußweg. 19.00 Uhr: Mehrere Trupps von Masai kommen, Mang'aa drückt sich jedesmal hinter einen Stein. Nach Eintritt der Dunkelheit bleibt er sogar auf dem Stein liegen.
24.11.94	6.00 Uhr: Mang'aa liegt noch an derselben Stelle. 9.30 Uhr: Er geht am Oberrand der Single Gorge entlang und verschwindet in einem Busch. 17.30 Uhr: Er kommt aus dem Busch wieder heraus, legt sich an die Abbruchkante der Single Gorge. 18.00 Uhr: Taratibu erscheint, die beiden begrüßen sich, Taratibu kratzt an einem 25 m entfernten Baum, sieht 50 m entfernt eine Tüpfelhyäne, der sie geduckt entgegenschleicht, um sie anzugreifen. Die Tüpfelhyäne flieht. Mang'aa sieht zu, ohne teilzunehmen. Die Geschwister spielen bis zur Dunkelheit. Kurz davor beginnt Taratibu eine Gruppe Impalas anzuschleichen, verfolgt eines der Tiere, springt es von hinten an. Das Impala geht zu Boden, entkommt aber doch.
28.11.94	8.00 Uhr: Taratibu frißt nahe Marti ya Faru an einem Impalariß auf einem Baum. 5 m daneben sitzt Mang'aa, 200 m entfernt am Rande eines Busches liegt Half Tail, 20 m neben ihr dösend 2 Tüpfelhyänen. Im Baum dort hängt ein Thomsongazellenriß. 10.00 Uhr: Half Tail klettert auf den Baum zur Gazelle und verläßt den Baum nicht mehr. Bei Beginn der Hitze verschwinden beide Jungen im Busch. 17.00 Uhr: Die Geschwister erscheinen wieder in der offenen Fläche. Taratibu klettert zu dem Impala in den Baum, Mang'aa bleibt unten liegen, döst. 18.00 Uhr: Fünf Tüpfelhyänen kommen zum Baum und warten auf herabfallende Beuteteile. Trotz der geringen Entfernung von 200 m kein Kontakt zwischen Mutter und Kindern.
29.11.94	5.45 Uhr: Leoparden und Beute sind vom gestrigen Platz verschwunden. 7.00 Uhr: Zwei Fahrer haben gerade Beauty in Marti ya Faru gesehen. 7.30 Uhr: Mang'aa in einem hohen Baum mit einem soeben erbeuteten Thomsonweibchen, das Blut tropft noch aus der Nase. Vor 2 Std. lagen unter diesem Baum zwei Mähnenlöwen, die Krone war leer. 8.00 Uhr: Etwa 300 m entfernt liegt im offenen Gelände Taratibu, sie ist tot.

Der schwarze Boden ist voll mit Löwenspuren. 500 m entfernt liegt eine Löwin mit den beiden Mähnenlöwen. Die Löwin trägt Kratzspuren am Vorderkörper, das rechte Auge ist geschwollen mit blutenden Kratzern darunter. Das Fell ist schmutzig durch schwarzen Schlamm, der genau wie der Schlamm auf Taratibus Todesplatz aussieht.

9.00 Uhr: Von einem 100 m entfernten Baum kommt Half Tail herab und beschnüffelt ihr totes Kind. Sie sitzt zwei bis drei Minuten bei ihr, geht dann zurück zum Baum und verbringt dort den restlichen Tag.

Nachmittags liegt die Löwin 50 m entfernt von der toten Taratibu.

18.30 Uhr: Mang'aa liegt immer noch auf dem Baum bei seiner Beute. Half Tail hat ihren Baum nicht verlassen.

30.11.94   6.00 Uhr: Mang'aas Baum ist leer, in der Umgebung ein junges unbekanntes Leopardenweibchen, das 200 m weiter eine Grantgazelle schlägt und vor dem Auto mit der Gazelle in einen Korongo flieht.

2.12.94   8.30 Uhr: Ungefähr 5 km von Taratibus Todesplatz liegt Mang'aa am Stamm eines Baumes mit einem erbeuteten Impalakitz, 5 m daneben schläft Half Tail.

8.40 Uhr: Mang'aa nimmt die Beute auf und schleppt sie – um die warnend knurrende Half Tail einen Bogen machend – in den Korongo. Wahrscheinlich eine Reaktion auf einen Paviantrupp, der 200 m entfernt erscheint und ein abgelegtes Thomsonkitz aufnimmt, zerreißt und frißt. Jetzt verschwindet auch Half Tail im Korongo.

16.30 Uhr: Mang'aa kommt mit einem Stück Beute, geht zu seiner Mutter, die mit einem Vorderbein nach Beute greift. Mang'aa legt die Beute nieder, Half Tail nimmt sie auf und geht zurück in den Korongo.

3.12.94   7.00 Uhr: Mang'aa ist noch an derselben Stelle des Korongos. 800 m weiter am gleichen Korongo liegt Half Tail im Schatten eines Baumstumpfes. 10 m weiter hängt ein halbwüchsiges Impala im Baum, bereits angefressen. Während wir nach Mang'aa suchen, verschwindet Half Tail und wird den ganzen Tag nicht wieder gesehen.

Beauty hat ihr Streifgebiet inzwischen nach Nordwesten ausgedehnt, es überschneidet sich jetzt nicht mehr so sehr mit dem ihrer Mutter. Mang'aa wird immer selbständiger und trifft seltener mit der Mutter zusammen.

Tab. 1: Meßdaten des Afrikanischen Leoparden nach verschiedenen Autoren

Maß	Smithers 1983 Simbabwe	Smithers 1983 Kapprovinz	Haltenorth 1972	Dorst-Dandelot 1970	Happolt 1973	Mohr 1958	Kingdon 1977	Estes 1992	Conway 1973	Leyhausen u.a. 1987
Höhe ♂	–	–	50-70	70	71	50-60	–	60-70	–	50-75
♀			45-60					57-64	–	
Kopf-Rumpf	–	92-125	130-190	130	127	120-150	104-180	–	–	95-167
Schwanz-länge ♂	–	51-125	70-100	–	86	75	67-110	–	100	60-97
♀		64-74	60-75							
Gesamt-länge ♂	211	178	–	–	–	–	–	–	–	210-240
♀	185	170								
Gewicht ♂	51,7-71,3	20-45	45-85	50-80	68-77	–	37-90	35-65	45-90	30-80
♀	28,1-34,9	17-26	30-50				28-60	28-58		

Tab. 2: Unterarten des Afrikanischen Leoparden

Dtsch. Name Leopard	Wiss. Name Panthera pardus	Verbreitung	Autor
Nordafrikanischer L.	P.p. panthera (Schreber 1977)	Marokko, Tunesien Algier, Westsudan	Haltenorth *
	P.p. pardus Linné 1758		Weigel °
Ostsudanesischer L.	P.p. pardus (Linné 1758)	Ägypten, Ostsudan, Tansania	Haltenorth *
Nordabessinischer L. Eritrea-L.	P.p. antinorii (De Baux 1923)	Eritrea, Abessinien Eritrea, Abessinien	Haltenorth * Weigel °
Südabessinischer L.	P.p. adusta Pocock 1927	Hochland Südabessinien	Haltenorth *
Nordsomali-L.	P.p. brockmani Pocock 1932	Nordsomalia	Haltenorth *
Südsomali-L.	P.p. nanopardus (Thomas 1904)	Südsomalia	Haltenorth *
Sansibar-L.	P.p. adersi Pocock 1932	Sansibar	Haltenorth *
Uganda-L.	P.p. chui (Heller 1913)	Uganda	Haltenorth *
Goldküsten-L.	P.p. leopardus (Schreber 1777)	Waldgebiete Westafrikas bis Nigeria	Haltenorth *
Westafrikanischer Waldl.	P.p. leopardus (Schreber 1777)	Waldgebiete Westafrikas bis Nigeria	Weigel °
Kamerun-L.	P.p. reichenowi Cabrera 1918	Grassteppe Nordkameruns südl. Tschadsee	Haltenorth *
Kongo-L.	P.p. iturensis (Allen 1924)	Urwald Kamerun-Kongo	Haltenorth *
	P.p. ituriensis Allen 1924	Urwald Kamerun-Kongo	Weigel °
	P.p. peocilura	Kamerun, Zaire, Gabun	Smithers +
Ostafrika- oder Masai-L.	P.p. suahelica (Neumann 1900)	Ostafrika, Mosambik	Dobroruka[2] Guggisberg //
Zentralafrikanisch. L.	P.p. shortridgei Pocock 1932	Angola, Damaraland, Mosambik	Haltenorth *
Kakaoveld-L.	P.p. puella Pocock 1932	Kakaoveld	Haltenorth *
Kap-L.	P.p. melanotica (Günther 1885)	Kap bis Simbabwe	Haltenorth *
	P.p. melanosticta	Kap bis Simbabwe	Guggisberg //

* Haltenorth und Trense 1956   ° Weigel 1977   + Smithers 1983   // Guggisberg 1966-68

Tab. 3: Dichte der Leoparden nach verschiedenen Untersuchungen

Gebiet	Dichte/km^2	Größe des Streifgeb.	Autor
Serengeti NP	1/22-26,5	15,9 mit Jungtier	Bertram 1982
Serengeti Np		♂ 14,1-50 ♀ 17,8 (jung)	Schaller 1990, Cavallo 1990
Tsavo NP	1/13	9-63	Estes 1992
Tsavo NP	1/13	♀ 36,3 (17,9-63,4)	Hamilton 1972
Ruaha NP	1/10 1/100 nach Wilderei 1970-72		Myers 1976
Sambia		11	Debroruka 1966
Simbabwe		18	Smith 1977
Krüger NP	1/6,1 1/3,3 mit J.	♂ 27,7 ♂ ♀ ° 24,7	Bailey 1993
Krüger NP		♂ 76,2	Bailey 1993
Krüger NP		♂ 16,4-96,1 ♀ 5,6-29,9	Bailey 1993
Kalahari		800	Du Bothma & Le Riche 1984
Kapprovinz Cedarberg	1/33	53,5-127,7	Norton & Henley 1987
Kapprovinz Bergland		388-387	Norton & Lawson 1986

Tab. 4: Nachgewiesene Beutetiere des Leoparden

Gebiet	Häufig	Gelegentlich	Einzelbeobachtung
Ostafrika	Schakal[4], Haushund[4], Thomson[7], Impala[7], Riedbock[7], Zebra[7], Gnu[7], Buschschwein[3] (Keniahochland)	Grant[4], Thomson[6], Grant[7], Pavian[7], Mistkäfer[3] (Aberdares) Nacktmull[14], Grashüpfer[17], Hundertfüßer[17], Skorpion[17]	Afrik. Wildhund[4], Impala[6], Buschbock[7], Gnu[6], Gepard[7], Schakal[7], Klippschlief.[7], Springhase[7], Python[7], Sekretär[7], Helmperlhuhn[7], Sekretär[7], Geierjunges[7], Schopffrankolin[13], Hippo[15], Weißstorch[13], Schwarz-weißer Guereza[16]
Kalahari	Stachelschwein[2,5], Spießbock[2], Steinbock[2], Grauducker[2], Löffelhund[2], Springbock[8]	Erdferkel[2], Ginsterkatze[2], Schakal[2], Kaama[2]	Strauß (2x)[2], Kaphase[2], Springhase[2]
Südliche Kalahari	Springbock[8], Kaama[8], Steinbock[8]	Spießbock[8], Ducker[8]	Strauß[8], Gnukalb[8], Schakal[8], Erdwolf[8], Löffelhund[8], Kapfuchs[8], Wildkatze[8], Gepard[8], Erdferkel[8], Buschhörnchen[8]
Londolozi Wildreservat Südafrika	Impala[11], Grauducker[11], Grüne Meerkatze[11]	Warzenschwein[11], Buschbock[11], Großer Kudu[11], Ockerfußbusch-hörnchen[11], Bären-pavian[11], Wüsten-waran[11], Erdferkel[11], Zibetkatze[11], Ginsterkatze[11], Chamäleon[18], Skorpion[18], Insekten[18]	Zebramanguste[11], Zwergmanguste[11], Rohrratte[11], Nagetierspec.[11], Buschhase[11], Pangolin[11], Höckerglanzgans[11], Rotkehlfrankolin[11], Pantherschildkröte[11], Speikobra[11]
Transvaal	Rohrratte[1]		
Sambia	Welse d. Gattung Clarias[9]		
Simbabwe	Fische d. Gattung Tilapia[3]		
Etoscha			Giraffe[12]
Bergland d. Kapprovinz	Klippschliefer[10], Klippspringer u.a. Kleinantilopen[10]	Nagetiere[10], Hasenartige[10], Paviane[10], Stachelschwein[10], Reptilien[10], Insekten[10]	Alpensegler[10], Kapfrankolin[10], Nilgans[10]

Autoren: [1]Astley Marberley 1956, [2]Du Botham & Le Riche 1984 u. 1989, [3]Fey 1964, [4]Estes 1967, [5]Grobler 1972, [6]Guggisberg 1966-68, [7]Kruuk & Turner 1967, [8]Mills 1990, [9]Mitchell 1965, [10]Norton & Mitarb. 1985, [11]Le Roux & Skinner 1993, [12]Scheepers & al. 1991, [13]Zaphiro 1977, [14]Brown 1971, [15]Downey 1959, [16]Arch.Tans.Nat.Park 1965, [17]Hamilton 1976, [18]Grobler & Wilson 1972

Tab. 5:
Häufigkeit der Beute beim Afrikanischen Leoparden in verschiedenen Untersuchungen

Gebiet	Rangfolge der Häufigkeit in %			Autor
	1.	**2.**	**3.**	
Serengeti NP	Thomson 27	Impala 16	Riedbock	Kruuk e.a. 1967
Serengeti NP	Thomson	Impala	Gnukälber	Wright 1960
Serengeti NP	Thomson	Impala	Riedbock	Bertram 1979
Kafue NP	Großriedbock	Puku		Mitchel e.a. 1965
Londolozi	Impala 65	Grauducker 15	Warzenschwein Vervet je 7	Le Roux e.a. 1992*
Krüger NP	Impala 83,3	Zibetkatze 3,6 Tüpfelhyäne 3,6	Steinbock 1,8	Bailey 1993
Krüger NP	Impala 77	Buschbock 3,9 Wasserbock 3,9	Großkudu	Pienaar 1969
Timbavati	Impala 92,3	Großkudu 4,8	Gnu 1,2	Hirst 1969
Transvaal	Pavian	Meerkatzen	Buschschwein	Astley-Marberley 53**
Umfolozi	Buschbock 21,5	Nyala 18,4	Warzenschwein 15,8	Brooks 1993
Kapprovinz	Klippschliefer	Klippspringer	Rehantilope	Norton e.a. 1968***
Kalahari	Springbock	Kaamakalb Steinbock	Schakal	Mills 1990
Innere Kalahari	Stachelschwein 40	Spießbockkalb 15	Ducker 10 Löffelhund 10	Du Bothma & Le Riche 1984****
Tai NP	versch. Duckerarten 58	7 Affenarten 40	,Kleintiere'	Hoppe 1984*****

*   127 Beobachtungen, 17 Kotanalysen
**   Farmlandbeobachtungen
***   Kotanalysen
****   Nach Angaben der Autoren gehören Springböcke trotz großer Häufigkeit nicht zum
        Beutespektrum der Leoparden in der Kalahari
*****   Kotanalysen

Tab. 6: Verschiedene Jagdmethoden afrikanischer Raubtiere

Jagdmethode	Notwendige Eigenschaften	Jagddauer	Energie-aufwand	Häufigkeit
Anschleichen	Disziplin zur Bewegungslosigkeit, Warten bis zum richtigen Augenblick, Mut (bei großer Beute)	mittellang gelegentlich lang	kurzfristig groß	sehr häufig
Lauern	Geduld, reglos warten zu können	meist lang	gering	sehr häufig
Verfolgen	Geschwindigkeit, Stehvermögen, Aufmerksamkeit beim Verfolgen, Sprintfähigkeit	kurz bis mittellang	sehr groß	nur im Anschluß an d. beiden anderen, kurze Distanzen
Stöbern	Daueraktivität, nicht erlahmende Aufmerksamkeit	mittellang bis lang	mittelgroß	zufällig bei Ortswechsel
Beuteaneignen	Stärke, soziale Einigkeit mit Artgenossen, ‚Gewitztheit'	mittellang bis lang	kurzzeitig groß	selten, jedoch bei Beute von Schakal bis Löwe

Tab. 7: Daten zur Jugendentwicklung des Afrikanischen Leoparden

Verhaltens-weise	Conway	Dorst	Haltenorth	Smithers	Estes	Leyhausen	Hinde	Kongdon
Geschlechts-reife			2,5-3 J.	2,5-4 J.	+ 2 J.	2,5-4 J.	2,5-3 J.	
Tragzeit	90 Tg.	90 Tg.	90-112 Tg.	100 Tg.	3 Mon.	90-105 Tg.	100 Tg.	98 Tg.
Geburts-gewicht			430 g	50-60 g	400-600 g	500-600 g	50-60 g	40-60 g
Wurfgröße	2-5	2-3	1-6	2-3	1-3	1-6	1-3	3-4
Öffnen der Augen	10 Tg.		7 Tg.	6-10 Tg.			6-10 Tg.	6-10 Tg.
Milch-entwöhnung			3 Mon.	3 Mon.		3 Mon.	3 Mon.	3 Mon.
Trennung v.d. Mutter	2 J.		1,5-2 J.	22 Mon.	22 Mon.		12-16 Mon.	
Lebens-dauer	12-15 J.					15 J.		
Gefangen-schaft	23 J.		21 J.			23 J.		

Literatur

Adamson, J.: Queen of Shaba, Harcourt Brace Janovich New York 1980

Akeley, C. and M.L.J. Akeley: Lions, Gorillas, and Their Neighbours, Stanley Paul London 1931

Altum, B.: Der Vogel und sein Lebensraum, Wilhelm Riemann Verlag Münster 1868

Andris, W.L.A.: How the leopard hunts, Loris 13 (4), 198-199 (1974)

Ansell, W.H.F.: Mammals of Northern Rhodesia, Government Printer Kusaka 1960

Archer, A.L.: Interview with Hamilton, in Teer and Swank, a.a.O.

Ashine, T. and A. Kidane: Interview with Dr. Swank, in Teer and Swank, a.a.O.

Astley Marberly, C.T.: A Plea for the Leopard, Afr. Wildl. 7, (1), 19-27 (1956)

Babu, S.D., pers. Mitt.

Baerends-Van Roon, J.M. and G.P. Baerends: The morphogenesis of the behaviour of the domestic cat, Proc. Royal Netherl. Acad. of Science Bd. 72 (1979)

Bailey, T.N.: The African Leopard, Columbia University Press, New York 1993

Baker, W.: Loving Leopards, Swara 5 (4), 26-27 (1982)

Bauer, E. and P. Bauer: Wild leopards we have known, International Wildlife 24 (4), 4-10 (1994)

Bekoff, M. and M.C. Wells: Behavioral ecology of coyotes: Social organization, rearing patterns, space use, and resource defense, Z. Tierpsychol. 60, 281-305, 1982

Bekoff, M. and M.C. Wells: Social ecology and behavior of coyotes, Adv. Study Behav. 16, 251-338 (1986)

Bertram, B.C.R.: Studying predators, Handbook 3 (2), African Wildlife Leadership Foundation Nairobi 1979

Bertram, B.C.R.: Serengeti Predators and their Social Systems in Sinclair and Norton Griffith 1979 a.a.O.

Bertram, B.C.R.: Leopard ecology as studied by radio tracking, Symp. zool. Soc., 9, 341-352 (1982)

Borner, M., C.D. Fritz Gibbon, M. Borner, T.M. Caro, W.K. Lindsai, D.A. Collins and M.E. Holt: The decline in the Serengeti Thomsons' Gazelle population, Oecologia, 63, 32-40 (1987)

Blumenschine, R.J.: Current Anthropology 28, 4 (1987)

Brelsford, V.: Unusual events in Animal life – V, Afr. Wildl. V (2), 160-161 (1950 b)

Brooks, P.: persönl. Mitt. an Bailey a.a.O.

Brown, L.: East Africa, Mountains and Lakes, East African Publishing House Nairobi 1971

Brown, L.: Interview with Swank, in Teer and Swank a.a.O.

Camenzind, F.J.: Behavioral ecology of coyotes on the National Elk Refuge, Jackson Wyoming. In Bekoff, M. ed. Coyotes: Biology, Behavior and Management, 267-294 Academic Press New York 1978

Caro, T.: Cheetahs of the Serengeti Plains, The University of Chicago Press, Chicago and London 1994

Chabwela, H.N.: Interview with Teer, in Teer and Swank a.a.O.

Cotzee, N.: Interview with Teer, in Teer and Swanks, a.a.O.

Corbett, J.E.: Man-eaters of Kumaon, Oxford University Press New York 1946

Corbett, J.E.: The man-eating Leopard of Rudraprayag, Oxford University Press New York 1947

Conway, N.J.: Leopard in Du Ry van Beest Holle G.: Holles Tier-Enzyklopädie, Holle Verlag Baden-Baden 1973

Denis, A.: Cats of the World, Constable London 1964

Dobroruka, L.J.: Ein Beitrag zur Systematik und Verbreitung von Panthera pardus chui (Heller 1913), Z. Säugetierkd. 27, 204-211 (1962)

Dobroruka, L.J.: Größe des Territoriums eines Leoparden Panthera pardus, Säugetierkdl. Mitt. 249 (19)

Dobroruka, L.J.: Zur Verbreitung des „Sansibar.-Leoparden" Panthera pardus adersi Pocock 1932, Z. Säugetierk. 30, 144-146 (1965)

Dobroruka, L.J.: Ein Beitrag zur Kenntnis südafrikanischer Leoparden, Panthera pardus (Linnaeus 1758), Säugetierkdl. Mitt. 14, 317-324 (1966)

Dominis J. and M. Edey: The Cats of Africa, Time-Life Books New York 1968

Dorst, J. and P. Dandelot: Säugetiere Afrikas, Paul Parey Hamburg-Berlin 1970

Downey, S.: Unusual Story of a Leopard, Afr. Wildl. 7, (1), 18 (1953)

Downey, S.: Downey's Africa, Cullen Cassell London 1959

Du Bothma, J.P.: persönl. Mitt. an Smithers, 1983 a.a.O.

Du Bothma, J.P. and E.A.N. Le Riche: Aspects of the ecology and behaviour of the leopard in the Kalahari Desert, Koedoe (suppl.), 259-279 (1984)

Du Bothma, J.P. and E.A.N. Le Riche: Evidence of a flexible hunting technique in Kalahari leopards, S.Afr.J.Wildl.Res. 19 (2), 57-60 (1989)

Du Bothma, J.P. and E.A.N. Le Riche: The influence of increasing hunger on the hunting behaviour of Southern Kalahari leopards, Joun. of Arid. Environm. 18, 79-84 (1990)

Du Bothma, J.P. and E.A.N. Le Riche: Disturbance bias when tracking Kalahari leopards Panthera pardus by spoor, Koedoe 36 (2), 109-112 (1993)

Du Plessis, S.S.: Interview with Teer, in Teer and Swank a.a.O.

Eaton, R.L.: The Predatory Sequence, with Emphasis on Killing Behaviour and its Ontogeny in Cheetah (Acinonyx jubatus Schreber), Z. Tierpsychol. 27 (4), 492-504 (1970)

Eaton, R.L.: The status and conservation of the leopard in subsaharian Africa. Carnivore research Institute, Burke Museum, University of Washington Seattle 1976, zit. Nach Teer and Swank: a.a.O.

Eaton, R. ed.: The World's cats Bd. 1, World Wildlife Safari Winston Oregon 1986

Eibl-Eibesfeld, I.: Grundriß der vergleichenden Verhaltensforschung und Ethologie, Piper München 4. Aufl. 1974

Eisenberg, J.F. and M. Lackhardt: An ecological reconnaissance of Wilpattu National Park Ceylon Smithomian Contr. Zool. 101, 1-118 (1972)

Eloff, F.C.: Ecology and behaviour of the Kalahari lion, in: Eaton 1986 a.a.O.

Eltringham, S.K.: The ecology and conservation of large African Mammals, Macmillan Press London 1979

Esterhiuzen, W.C.N. and P.M. Norton: The leopard as a problem animal in the Cape Province, as determined by the permit system, Bontebok 4, 9-16 (1985)

Estes, R.D.: Predators and scavengers 76 (2), 20-29, 76 (3) (1967)

Estes, R.D.: The Behavior Guide to African Mammals. The University of California Press 1991

Estes, R.D.: The Safari Companion Chelsea Green Publishing Company Vermont 1993

Fentress, J.C. and JU. Ryon: A long-term study of distributed pup feeding in captive wolves. In: F.H. Harrington & P.C. Paquet eds. Wolves of the World: Perspectives of Behavior, Ecology and Conservation 238-261, Noyes Park Ridge New York 1982

Foster, J.B. and D. Kearney: Nairobi National Park game census, East African Wildlife

Journ. 5, 112-120 (1967)

Fey, V.: The Diet of Leopards, Afr.Wildl. 18 (2) 105-108 (1964)

Frame, L.H. and J.R. Malcolm, G. Frame and H. van Lawick: Social organization of African wild dogs (Lycaon pictus) on the Serengeti Plains, Tanzania, 1967-1978, Z. Tierpsychol. 50, 225-249, 1979

Gittleman, J.L.ed.: Carnivore Behavior, Ecology, and Evolution, Cornell University Press Ithaca New York 1989

Gittleman, J.L.: Carnivore Behavior, Ecology and Evolution, Camstock Publishing Assoc. Cornell University Press Ithaca New York

Gittleman, J.L. and O.T. Oftedal: Comparative growth and lactation anagetics in carnivors, Symp. Zool. Soc. London 57, 41-77 (1987)

Griffin, D.G.: The question of animal awareness, New York 1976

Griffin, D.G.: Animal thinking, Cambridge Mass. 1984

Griffin, D.G.: Wie Tiere denken, München-Wien-Zürich 1985

Grimm, U.: Schützen durch Nutzen, WWF Journal 2, 10 (1992)

Grobler, J.H. and W.J. Wilson: Food of the leopard Panthera pardus (Linné) in the Rhodes Matopos national Park Rhodesia as determined by faecal analysis, Arnoldia 5, (35), 1-10 (1972)

Guggisberg, C.A.W.: Beobachtungen am ostafrikanischen Leoparden Panthera pardus fuscus, Jahrb.Nat.Hist.Museum Bern 3, 122-136 (1966-68)

Hagen, H.: Raubtiere Afrikas, Landbuch Hannover 1984

Hagen, W. und H. Hagen: Was Tiere sich zu sagen haben, Rasch und Röhring Hamburg 1991

Hagen, W. und H. Hagen: Das Buch der Löwen, Rasch und Röhring Hamburg 1992

Hagen, W. und H. Hagen: Die Sache mit dem Storch, Rasch und Röhring Hamburg 1993

Haltenorth, T. und W. Trense: Das Großwild der Erde und seine Trophäen, Bayerischer Landwirtschaftsverlag Bonn-München-Wien 1956

Haltenorth, T.: Säugetiere Afrikas und Madagaskars, BLV München-Bern-Wien 1977

Hamilton, P.H.: The Movements of Leopards in Tsavo National Park, Kenya as Determined by Radio-tracking, MSC thesis, University of Nairobi 1976

Hamilton, P.H.: Interview with Swank, in Teer and Swank, a.a.O.

Hammoud Abu Sineia: Interview with Swank, in Teer and Swank, a.a.O.

Happold, D.C.D.: Large Mammals of West Africa, Longman London 1973

Harington, F.H., L.D. Mech and S.H. Fritts: Pack size and wolf pup survival: Their relationship under varying conditions, Behav. Ecol. Sociobiol. 13, 19-26 (1983)

Haßenberg, L.: Ruhe und Schlaf bei Säugetieren, Brehm Bibliothek über Franckh'sche Verlagshandlung Stuttgart, Kosmos 19 XX

Hausfater, G. and S.B. Hrdy (eds.): Infanticide: comparative and evolutionary perspectives, Aldine 31-42 New York 1984

Hediger, H.: Ist das tierliche Bewußtsein unerforschbar? Behaviour 1, 130-137 1947

Hediger, H.: Säugetier-Territorien und ihre Markierung, Bijar.Dierk 28, 172-184 (1949)

Hediger, H.: Tierpsychologie im Zoo und im Zirkus, Reinhardt Basel 1961

Hediger, H.: Tiere verstehen, München 1980

Heller, E.: zit. nach Pocock, 1932 a.a.O.

Henschel, J.R. and J.D. Skinner: The diet of the spotted hyaenas, Crocuta crocuta in Krüger National Park, Afr. J. Ecol. 28 (1), 69-82 (1990)

Hinde, G.: Leopard, Harper Collins Publishers Glasgow, Sidney, Auckland, Toronto, Johannesburg 1992

Hirst, S.M.: Predation as a regulating factor of wild ungulates populations in a Transvaal lowveld nature reserve, Zool.Afr. 4 (2), 199-230 (1969)

Hofer, H. and M.L. East: The commuting system of Serengeti spotted hyaenas: how a predator copes with migratory prey. I. Social organization, II. Intrusion pressure and commuters' space use, III. Attendance and maternal care, Anim. Behav., 46, 559-574, 1993

Hoppe, B.: Etude du spectres des prois de la panthère, Panthera pardus, dans le Parc National des Tai en Cote d'Ivoire, Mammalia 48, 477-478 (1984)

Houston, D.C.: The Adaption of Scavengers, in Sinclair and Norton-Griffiths (eds.) 1979 a.a.O.

Ilany, G.: Preliminaty observations on the ecology of the leopard (Panthera pardus jarvisi) in the Judean Desert. In Miller, S.D. and D.D. Everett (Edit.): Cats of the World: Biology, Conservation and Management (abstract), 1986, Washington, D.C.: National Wildlife Federation

Ilany, G.: The spotted ambassadors of a vanishing world, Israel Al. 31, 16-24 (1990)

Hornocker, M. and T. Bailey: Natural Regulation in three Species of Felids. In Miller, D. and D. Everett (Edit.): Cats of the World: Biology, Conservation and Management, National Wildlife Federation Washington DC 1986

Keogh, H.: A photographic reference system of the microstructure of the hair of Southern African bovids, Afr.J.Wildl.Res. 13, 89-132 (1983)

Kettlitz, W.K.: Interview with Dr. S.S. du Plessis, in Teer and Swank: a.a.O.

Kingdon, J.: East African Mammals, Vol.3: Carnivores, Academic Press 1977

Kleiman, D.G.: Monogamy in mammals, Q.Rev.Biol. 52, 339-69 (1977)

Klingel, H.: Soziale Organisation und Verhalten freilebender Steppenzebras, Z. Tierpsychol. 24, 580-624 (1967)

Krebs, J.R. & N.B. Davies: An Introduction to Behavioural Ecology, Blackwell Scientific Publications London, Edinburgh, Boston 1993

Kruuk, H. and M. Turner: Comparative notes on predation by lion, leopard, cheetah and wild dog in the Serengeti area, East Africa, Mammalia 31, 1-27 (1967)

Kruuk, H.: The spotted hyaena, University of Chicago Press, Chicago, London 1972 a

Kruuk, H.: Surplus killing by carnivores, J.Zool.Lond. 166, 233-244 (1972 b)

Kurt, F.: Das Sozialverhalten des Rehes (Capreolus capreolus L.) Mammalia Depicta, Parey Hamburg-Berlin 1968

Lechner, E.J.: Jagd international, Fink-Kümmerly + Frey Ostfildern 1989

Leuthold, W.: Freilandbeobachtungen an Giraffengazellen (Litocranius walleri) im Tsavo Nationalpark Kenia, Z. Säugetierk. 36, 19-37 (1971 c)

Leyhausen, P.: The communal organisation of solitary mammals, Symp.Zool.Soc. Lond. 14, 249-263 (1965)

Leyhausen, P.: Verhaltensstudien an Katzen, Paul Parey Hamburg-Berlin 1973

Leyhausen, P., B. Grzimek und V. Zhiwotschenko: Pantherkatzen und Verwandte, in Grzimeks Enzyklopädie Bd. IV, Kindler München 1987

Lindström, E.: Territory inheritance and the evolution of group living in carnivores, Anim. Behav. 34, 1825-1835 (1986)

MacDonald, D.W.: Social factors affecting reproduction amongst red foxes, in E. Zimen ed.: The Red Fox: Symposium on Behavior and Ecology 123-175 Junk, The Hague 1980

MacDonald, D.W. and P.D. Moehlman: Cooperation, altruism and restraint in the reproduction of carnivores, Persp. Ethol. 5, 433-467 (1982)

Malcolm, J. and K. Marten: Natural selection and the communal rearing of pups in African wild dogs (Lycaon pictus), Behav. Eco. Sociobiol. 10, 1-13 (1982)

Mallory, F.F. and R.J. Brooks: Infanticide and other reproductive strategies in the collarded lemming (Dicrostonyx groenlandius) Nature 273, 144-146 (1978)

Marais, E.: My Friend the Baboon, Methuen London 1939

Maynard Smith I. & G.A. Parker: The logic of asymmetric contests Anim. Behav. 24 159-175 (1976)

Miller, W.T.: The Flesh Eaters Bd. 1, Purnell Cape Town, Johannesburg, London, New York 1971

Mills, M.G.L.: Kalahari Hyenas, Chapmans Hall 1990

Mills, M.G.L. and H.C. Biggs: Prey appotionment and related ecological relationships between large carnivores in Krüger National Park, Symp. Zool. Soc. London 65, 253-268 (1993)

Mitchell, B.L., J.B. Shenton and J.C. Uys: Predation on large Mammals in the Kafue Nationalpark Zambia, Zool.Afr. 1, 297-318 (1965)

Mizutani, F.: Home range of leopards and their impact on libestock on Kenyan ranches, Symp. zool. Soc. London 65, 425-439 (1993)

Moehlmann, P.D.: Socioecology of silverbacked and golden jackals (Canis mesomelas and Canis aureus). In: J.F. Eisenberg and D.G. Kleiman, eds.: Advances in the study of Mammalian Behavior, 423-453, American Society of Mammologists Special publication No. 7, American Society of Mammologists, Lawrence, Kan. 1983

Moehlmann, P.D.: Ecology of cooperation in canids. In: D.I. Rubenstein and R.W. Wrangham eds.: Ecological Aspects of Social Evolution: Birds and Mammals, 64-86, Princeton Univ.Press, Princeton N.J. 1986

Mohr, E.: Säugetiere, Kronen-Verlag Erich Cramer, Hamburg 1958

Muckenhirn, N. & J.F. Eisenberg: Home ranges and predation in the Ceylon leopard in Eaton, R.L. a.a.O.

Murray, J.D.: Wie der Leopard zu seinen Flecken kommt, Spektrum der Wissenschaft Mai 1988

Mutinda, J.: In Teer and Swanks, a.a.O.

Myers, N.: The Leopard Panthera pardus in Africa, IUCN Monograph. 5 (1976)

Myers, N.: Status of the Leopard and Cheetah in Africa, in Eaton, R.L. (ed.): The World's Cats 1976 a.a.O.

Myers, N.: Interview with Swank, in Teer and Swank, a.a.O. Noble, G.K.: The role of dominance in the social life of birds, Auk.56, 263-273 (1939)

Norton, P.M., A.B. Lawson, S.R. Henley and G. Avery: Prey of leopards in four mountainous areas of the south-western Cape Province, S. Afr. J. Wildl. Res. 16 (2), (1986)

Norton, P.M. and S.R. Henley: Home range and movements of male leopards in the Cedarberg Wilderness Area, Cape Province, S.Afr.J. Wildl. Res. 17 (2) (1987)

Orsdol, K.G. van: Foraging Behaviour and Hunting Success of Lions in Queen Elizabeth Park Uganda, Afr. J.Ecol. 22, 79-99 (1984)

Owens, M. and D. Owens: Cry of the Kalahari, Houghton Mifflin Boston 1984

Owens, D.D. and M.J. Owens: Helping behavior in brown hyenas, Nature 308, 843-845 (1984)

Paradiso, J.L.: Status report on cats (Felidae) of the world, 1971, Special Scientific Report – Wildlife No. 157, U.S. Fish and Wildlife Service, Washington D.C. 1972

Perrin, M.R. and B.S. Campbell: Key to the mammals of the Andries Vosloo Kudu Reserve (Eastern Cape), based on their hair morphology, for use in predator scat analysis, S.Afr.J.-Wildl.Res. 10, 1-14 (1980)

Petzsch, H.: Die Katzen, Urania Verlag Leipzig Jena Berlin 1968

Pienaar, U. de V.: Predator-prey relationships among the larger mammals of the Krüger National Park, Koedoe 12, 108-187 (1969)

Pocock, R.J.: Catalogue of the Genus Felis, Brit. Mus. (Nat. Hist.) London 1951

Pocock, R.J.: The Classification of Existing Felidae, Ann. Mag. Nat. hist. London 20, 329-350 (1970)

Pölking, F. u. N. Rosing: Geparde, Tecklenborg 1993

Pölking, F.: Impressionen aus dem Leben einer Leopardin, Tecklenborg 1995

Poole, R.K.: Interview with Teer, in Teer and Swanks, a.a.O.

Port, A.: Interview with Teer, in Teer and Swanks, a.a.O.

Reichholf, I.: Das Rätsel der Menschwerdung, DTV München 1993

Robinson, R.: Inheritance of the Black Form of the Leopard Panthera pardus, Genetica 41, 190-197 (1970)

Rodgers, W.A.: Interview with Teer, in Teer and Swank, a.a.O.

Rood, J.P.: Dwarf mongoose helpers at the den, Z. Tierpsychol. 48, 277-287 (1978)

Rosevear, D.R.: The carnivores of Westafrica, Trustees of the British Museum (Nat.Hist.) London 1974

Roux, P.G. le and J.D. Skinner: A note on the ecology of the leopard (Panthera pardus Linnaeus) in the Londolozi Game Reserve, South Africa, Afr.J.Ecol., 27, 167-171 (1989)

Rowbotham, M.: Interview with Carr 1977 in Teer and Swank, a.a.O.

Sadlier, R.M.F.S.: Notes on reproduction in the large felidae, Int. Zoo Yearb., 6, 184-187 (1966)

Schaller, G.B.: The Serengeti Lion, University of Chicago Press, Chicago 1972

Schaller, G.B.: Serengeti, A Kingdom of Predators, Collins London, Glasgow, Sidney, Auckland, Toronto, Johannesburg 1973

Scheepers, J.L. and D. Gilchrist: Leopard predation on giraffe calves in the Etosha National Park, Madoqua 18 (1), 49 (1991)

Schneider, K.M.: Das Flehmen, Der Zool. Garten, I: 3, 193-198 (1930), II: 4, 349-364 (1931), III: 5, 200-226 (1932), IV: 287-297 (1933)

Scott, I.: The Leopard's Tale, ELM Tree Books London 1985

Seidensticker, J.: Notes on Early Maternal Behavior of the Leopard, Mammalia 41, 111-113 (1977)

Sherman, P.W., U.M. Jarvis und S.H. Braude: The Biology of the Naked Mole-Rat, Princeton University Press 1991

Sinclair, A.R.E. and N. Norton-Griffiths (eds.): Serengeti, The University Chicago Press, Chicago and London 1979

Sindyo, D.: In Teer and Swank a.a.O.

Smith, R.M.: Movement patterns and feeding behaviour of leopard in the Rhodes Matopos National Park Rhodesia, Arnoldia Rhod. 8 (13), 1-16 (1977)

Smithers, R.H.N.: The Mammals of Rhodesia, Zambia and Malawi, Collins London 1973

Smithers, R.H.N.: The Mammals of the Southern African Subregion, University of Pretoria, Pretoria SA 1983

Stevenson-Hamilton, J.: Animal Life in Africa, William Heinemann London 1912

Stevenson-Hamilton, J.: Wildlife in South Africa, Cassell London 1947

Stuart, C.T. and T.D. Stuart: Prey of leopards in the western Soutpansberg, South Africa, J.Afr.Zool. 107, 135-137 (1993)

Stuart, C.T.: The incidence of Surplus killing by Panthera pardus and Felis caracal in Cape Province, South Africa, Mammalia, 50, 556 (1986)

Sunquist, M.E.: Dispersal of Three Radiotagged Leopards, J.Mamm., 64 (2), 337-341 (1983)

Sunquist, M.E. and F.C. Sunquist: Ecological Constraints on Predation by Large Felids in Gittleman, a.a.O.

Stuart, C.T.: Notes on the mammalian carnivores of the Cape Province, South Africa, Bontebok 1, 1-58 (1981)

Sweeney, R.C.H.: A Checklist of the Mammals of Nyasaland, Nyasaland Society Blantyre 1959

Taylor, M.E.: Locomotor Adaptations by Carnivores, in Gittleman, J.L., a.a.O.

Teer, J.G. and W.G. Swank: Status of the leopard south of the Sahara, The Office of the Endangered Species U.S., Fish and Wildlife Service Washington, DC 1977

Teer, J.G.: Advances in wildlife management techniques. Transactions of the International Congress of Game Biologists 14, 397-407 (1982)

Turnbull-Kemp, P.: The Leopard, Howard Timmins Cape Town 1972

Turner, M.: zit. bei Schaller 1972

Van Lawick, H. and J. van Lawick: Innocent Killers, Houghton-Mifflin Boston 1970

Van Lawick, H.: Savage Paradise, Collins London 1977

Verbene, G.: Beobachtungen und Versuche über das Flehmen katzenartiger Raubtiere, Z.f. Tierpsychol. 27 (7), 807-827 (1970)

Vincent, R.B.: In Teer and Swank a.a.O.

Walker, C.: Signs of the Wild, Struik Peblishers Cape Towen 1986

Walther, F.R.: Verhalten der Gazellen, Neue Brehm-Bücherei No. 373, Wittenberg Lutherstadt Ziemsen 1968

Walther, F.R.: Beobachtungen zur Situationseinsicht und zum Verhalten von Oryxantilopen in ziehenden Verbänden, Zool. Garten N.F. 62, 297-338 (1992)

Watcher, W.A.: How Leopard Hunts, Loris 13 (4), 192-199 (1974)

Weigel, J.: Großkatzen und Geparde, in Grzimek, B. (Hrsg.): Grzimeks Tierleben, Bd. XII, Kindler München-Zürich 1972

Wemmer, C.M. and K. Skwow: Communication in the Felidae in Sebeok, T. (Edit.): How Animals communicate, Indiana Univ. Press, Bloomington 1977

Wilson, R.: Interview with Teer, in Teer and Swank a.a.O.

Wright, B.S.: Predation on big game in East Africa, J. Wildl. Mgmt. 24, 1-15 (1960)

Zaphiro, D.: Interview with Teer, in Teer and Swank a.a.O.

Ziswiler, V.: Bedrohte und ausgerottete Tiere, Springer Berlin 1965

Die großen, farbigen Bildbände zum Thema Leoparden und Masai Mara jetzt neu im Tecklenborg Verlag

Zum ersten Mal wird in einem Bildband ausführlich das faszinierende Leben einer Leopardenfamilie über einen Zeitraum von mehreren Jahren dokumentiert. Aufnahmen von bestechender Qualität zeigen uns die Welt dieser geschmeidigen Raubkatzen in einmaligen Situationen.

Fritz Pölking
Leoparden
Die geheimnisvollen Katzen
152 Seiten, 154 Farbfotos,
Hardcover, 31 x 24cm,
DM 88,-

Eines der schönsten und wildreichsten Naturreservate Ostafrikas wird uns in diesem Bildband vorgestellt. In einfühlsamen Bildern führt uns der renommierte Naturfotograf Fritz Pölking durch die Vielfalt der Tier- und Pflanzenwelt. Lassen Sie sich verzaubern von der Ursprünglichkeit dieser wunderbaren Landschaft.

Fritz Pölking
Masai Mara
Afrikas Garten Eden
88 Seiten, 100 Farbfotos,
Hardcover, 24,5 x 23cm,
DM 39,-